Naviguer à travers les ombres de l'immaturité émotionnelle : Le chemin vers la guérison des blessures parentales

Un manuel détaillé pour comprendre, affronter et grandir au-delà des complexités des relations avec des parents émotionnellement distants.

Danielle Bernard

1. Définition des Parents Emotionnellement Immatures:

- Expliquez qui ils sont et quelles caractéristiques ont les parents émotionnellement immatures.

2. Origines de l'Immaturité Emotionnelle:

- Examinez les raisons historiques, psychologiques et culturelles derrière l'immaturité émotionnelle.

3. L'Impact de l'Immaturité Emotionnelle sur l'Enfance:

- Analysez comment les enfants grandissent dans un environnement avec des parents émotionnellement immatures.

4. Signes et Symptômes chez les Enfants:

- Identifiez les comportements et les signaux typiques des enfants qui vivent dans ces conditions.

5. Conséquences à Long Terme:

- Explorez comment ces problèmes de l'enfance influencent la vie adulte en termes de relations, de carrière et de bien-être général.

6. Le Rôle de l'Argent et du Pouvoir:

- Analysez comment l'immaturité émotionnelle peut influencer les décisions économiques et de pouvoir au sein de la famille.

7. Stratégies d'Adaptation:

- Examinez les tactiques que les enfants adoptent pour faire face, telles que le déni, l'isolement ou la conformité.

8. La Redécouverte de Soi:

- Donnez des conseils sur la manière dont les adultes peuvent se reconnecter à leur véritable moi et à leurs passions.

9. Etablir des Limites:

- Offrez des outils et des stratégies pour établir des limites saines avec des parents émotionnellement immatures.

10. Gestion de la Colère et du Resentiment: - Fournissez des techniques pour gérer et traiter ces sentiments de manière saine.

11. Reconstruction des Relations: - Donnez des conseils sur la façon de reconstruire ou de renégocier la relation avec des parents émotionnellement immatures, si désiré.

12. Soutien Thérapeutique: - Promouvez l'importance de la thérapie et comment elle peut aider dans la guérison.

13. Etudes de Cas: - Partagez des exemples réels d'individus qui ont fait face et surmonté les défis d'avoir des parents émotionnellement immatures.

14. Importance de l'Auto-Soins: - Donnez des conseils sur la manière dont les adultes peuvent prendre soin d'eux-mêmes et de leurs besoins émotionnels.

15. Comprendre le Pardon: - Explorez ce que signifie réellement le pardon et quand il est approprié.

16. Réseau de Soutien: - Mettez en avant l'importance d'avoir des amis, des partenaires ou des groupes de soutien qui comprennent et soutiennent.

17. Impact sur les Relations Personnelles: - Discutez de la manière dont ces expériences influencent les relations adultes, y compris les partenaires et les enfants.

18. Conscience Générationnelle: - Réfléchissez à la manière de rompre le cycle pour garantir que les générations futures ne perpétuent pas le même schéma.

19. Ressources et Lectures Recommandées: - Fournissez des matériaux supplémentaires et des ressources pour ceux qui souhaitent approfondir.

20. Exercices et Techniques Pratiques: - Incluez des exercices, des méditations et des techniques pour aider les adultes à travailler sur leur guérison.

1. Définition des Parents Émotionnellement Immatures

Les Parents Émotionnellement Immatures sont des individus qui, malgré leur âge chronologique, n'ont pas pleinement développé la capacité de répondre de manière adéquate aux besoins émotionnels de leurs enfants. Ce comportement ne résulte pas nécessairement d'un lieu de malveillance, mais il est souvent le résultat de lacunes dans leur développement émotionnel personnel.

Caractéristiques des Parents Émotionnellement Immatures :

1. **Centrés sur eux-mêmes** : Ils ont tendance à considérer les situations en fonction de leur propre influence personnelle, plutôt que de prendre en compte les besoins ou les sentiments de leurs enfants. Cela peut entraîner un manque d'empathie ou de compréhension envers les expériences de leurs enfants.

2. **Difficulté dans la Régulation Émotionnelle** : Ils peuvent réagir de manière excessive à de petites provocations ou au stress, exprimant de la colère, de la tristesse ou d'autres émotions de manière inappropriée ou disproportionnée.

3. **Évitement** : Certains parents émotionnellement immatures évitent les conflits ou les

conversations profondes, se retirant ou devenant défensifs lorsqu'ils sont sous pression ou se sentent menacés.

4. **Besoin de Contrôle** : Ils désirent avoir le contrôle sur les événements et les personnes autour d'eux, souvent parce qu'ils se sentent impuissants ou incertains intérieurement.

5. **Incohérence** : Ils peuvent être inconstants dans leur comportement et leurs réactions, rendant difficile pour les enfants de prévoir ou de comprendre leurs réponses.

6. **Déni de la Réalité** : Ils refusent de reconnaître des problèmes évidents ou d'accepter les retours d'information, en particulier si cela ébranle leur image ou leur ego.

7. **Dépendance Émotionnelle** : Ils comptent sur leurs enfants pour la réassurance, le soutien ou pour satisfaire leurs besoins émotionnels, inversant souvent le rôle parent-enfant.

8. **Refus de Reconnaître les Erreurs** : Au lieu d'admettre une erreur ou de s'excuser, ils peuvent chercher à rejeter la responsabilité ailleurs ou à justifier leur comportement.

Ces caractéristiques peuvent varier en gravité, et tous les parents émotionnellement immatures n'auront pas toutes ces traits. Il est essentiel de noter que l'immaturité émotionnelle a souvent des racines dans l'enfance du parent et ses expériences de vie. Souvent, ces parents n'ont pas eu l'occasion ou les ressources nécessaires pour traiter leurs propres blessures émotionnelles, et en conséquence, ils ne sont pas en mesure d'être émotionnellement présents pour leurs enfants de manière saine.

Les parents émotionnellement immatures sont souvent enchaînés à leurs propres états émotionnels non résolus ou à leurs expériences d'enfance. Il s'agit d'un sujet complexe et varié, et il peut être utile d'explorer davantage certaines de ses facettes.

Profondeur du Problème : Lorsque nous parlons d'immaturité émotionnelle, nous ne désignons pas simplement un parent qui montre occasionnellement des signes d'insécurité ou qui peut réagir de manière excessive à un événement stressant particulier. Nous décrivons plutôt des individus qui présentent des schémas de comportement enracinés et constants dans le temps, qui influencent significativement leur manière d'interagir avec leurs enfants et le monde qui les entoure.

Origines de l'Immaturité Émotionnelle : Les racines de l'immaturité émotionnelle sont souvent profondes et peuvent remonter à plusieurs générations. De nombreux parents émotionnellement immatures ont grandi dans des environnements où ils n'ont pas appris à identifier, à exprimer ou à gérer adéquatement leurs émotions. Cela peut être dû à diverses raisons : une histoire familiale de traumatismes, des parents émotionnellement distants ou absents, ou une éducation dans laquelle l'expression des émotions était perçue comme un signe de faiblesse.

Différence entre l'Immaturité et un Trouble : Il est essentiel de faire la distinction entre un parent qui est simplement émotionnellement immature et un parent qui pourrait avoir un trouble de la personnalité ou un autre problème de santé mentale. Bien qu'il puisse y avoir une certaine superposition dans les comportements, les causes et les solutions possibles peuvent différer considérablement.

Impact sur le Développement de l'Enfant : Un environnement dans lequel un parent est émotionnellement immature peut entraîner toute une série de défis pour l'enfant. Ces enfants peuvent devenir extrêmement sensibles aux besoins et aux émotions du parent, souvent au détriment des leurs. Ils peuvent se sentir responsables du bien-être du parent et développer des comportements de "parentification", où ils assument le rôle de soignant.

Implications pour la Formation de l'Identité : En grandissant, ces enfants peuvent avoir du mal à former une identité autonome.

Comme leur énergie a été si concentrée sur essayer de calmer ou de prendre soin du parent, ils peuvent avoir du mal à reconnaître ou à poursuivre leurs propres désirs, besoins et aspirations.

Le Cycle de l'Immaturité : L'une des tragiques ironies de la situation est que de nombreux adultes ayant grandi avec des parents émotionnellement immatures peuvent se retrouver à reproduire les mêmes schémas avec leurs propres enfants. Sans une prise de conscience et une intervention significatives, le cycle de l'immaturité peut se perpétuer de génération en génération.

Naviguer dans la Complexité de l'Empathie : Un défi particulier dans la relation avec un parent émotionnellement immature est l'équilibre entre la compréhension et la préservation de soi. D'un côté, il est possible de comprendre comment un parent pourrait être devenu émotionnellement immature en raison de ses propres défis et traumatismes. Cette prise de conscience peut conduire à un profond sentiment d'empathie et de compassion. D'un autre côté, il est essentiel de reconnaître et de se protéger des dommages potentiels résultant de la proximité avec quelqu'un incapable d'une véritable connexion émotionnelle réciproque.

Ce ne sont là que quelques-unes des nombreuses dimensions qui entourent le problème des parents émotionnellement immatures. Explorer chaque aspect peut fournir une compréhension plus approfondie et aider ceux qui ont été influencés par cette dynamique à trouver des voies de guérison et de compréhension.

L'immaturité émotionnelle chez les parents est un phénomène qui touche profondément la structure des relations familiales et a des racines complexes, parfois obscures. Cette immaturité n'est pas simplement l'incapacité à faire face aux émotions ; elle incarne souvent une combinaison de lacunes dans la cognition, l'empathie et la capacité à l'auto-réflexion.

Interaction avec le monde extérieur : Les **parents émotionnellement immatures** peuvent avoir des difficultés non seulement dans leurs relations avec leurs enfants, mais aussi dans d'autres contextes sociaux. Ces difficultés peuvent se manifester sous forme d'incapacité à établir des relations profondes avec les autres, d'un sentiment d'aliénation ou d'isolement, ou d'une tendance à mal interpréter ou à critiquer là où cela n'existe pas.

Facteurs externes et stress : Les événements stressants de la vie, tels que la perte d'emploi, les problèmes financiers ou les maladies, peuvent aggraver l'immaturité émotionnelle. Alors que la plupart des adultes peuvent trouver des moyens de gérer le stress et de chercher du soutien, les parents émotionnellement immatures peuvent se retrouver submergés et pourraient se retirer davantage ou devenir plus volatils.

Vision déformée de la réalité : Une caractéristique marquante de l'immaturité émotionnelle est une perception déformée de la réalité. Cela peut se manifester sous forme de déni, de projection ou même de réécriture de la réalité pour s'adapter à une narration interne. Cette distorsion peut dérouter les enfants, les amenant à douter de leur perception ou de leur mémoire des événements.

Évasion dans des activités ou des substances : Il n'est pas rare que les parents émotionnellement immatures cherchent à fuir leurs sentiments ou la réalité en utilisant excessivement des substances telles que l'alcool ou les drogues, ou en ayant des comportements compulsifs tels que le shopping, le jeu, voire le travail excessif.

Rôle de l'éducation et de la culture : La société et la culture jouent un rôle significatif dans la formation des attentes et des comportements des parents. Dans certaines cultures ou contextes, montrer des émotions ou admettre la vulnérabilité peut être perçu comme faible ou inacceptable, ce qui contribue davantage au problème de l'immaturité émotionnelle.

Besoin de validation externe : L'une des caractéristiques courantes des parents émotionnellement immatures est leur besoin constant de validation externe. Cela peut se traduire par le désir de recevoir des éloges, de la reconnaissance ou toute forme de confirmation de la part des autres, souvent au détriment des besoins et des sentiments de leurs propres enfants.

Impact sur l'éducation des enfants : La présence d'un parent émotionnellement immature peut profondément influencer l'approche de l'éducation des enfants. Les enfants peuvent être placés dans des situations où ils sont constamment sous pression pour répondre aux attentes irréalistes des parents ou peuvent être négligés en termes de soutien et de guidance.

Lien avec d'autres problèmes mentaux : Bien que l'immaturité émotionnelle soit un problème spécifique, elle peut coexister avec d'autres problèmes mentaux tels que l'anxiété, la dépression ou même les troubles de la personnalité. Cette comorbidité peut encore compliquer la dynamique familiale et les défis auxquels les enfants sont confrontés.

Résilience des enfants : Malgré les défis de grandir avec un parent émotionnellement immature, de nombreux enfants font preuve d'une remarquable résilience. Avec les bonnes ressources et le soutien, ils peuvent développer une force intérieure, une profonde empathie et une conscience qui les aident à naviguer dans le monde avec grâce et détermination.

L'immaturité émotionnelle, bien que profonde et souvent douloureuse, offre également l'opportunité de l'introspection, de la croissance et de la guérison pour ceux qui sont prêts à affronter et à travailler à travers ses aspects complexes.

En conclusion, l'immaturité émotionnelle chez les parents est un sujet qui ne peut être compris ou traité superficiellement. Cette forme particulière d'immaturité a un impact profond sur la dynamique familiale et le bien-être émotionnel des enfants impliqués. L'essence de l'immaturité émotionnelle réside dans les profondes insécurités, les schémas de comportement acquis et, souvent, dans des traumatismes non résolus qui remontent à des générations précédentes. Ces parents, bien qu'ils aiment souvent leurs enfants, luttent avec une gamme d'émotions internes qui rendent difficile pour eux de fournir l'affection stable, la direction et le soutien dont un enfant a besoin pour se développer de manière saine.

Il est cependant essentiel de se rappeler que la plupart des parents émotionnellement immatures n'agissent pas par malice. Très souvent, ils sont piégés dans des cycles de comportement qu'ils ne comprennent pas pleinement ou dont ils se sentent incapables de s'échapper. Leur lutte contre l'immaturité émotionnelle est, dans la plupart des cas, une manifestation de leur désir de connexion, mais une connexion qui est déformée par leurs propres peurs, insécurités et traumatismes.

Pour les enfants de ces parents, le chemin peut être difficile. Ils peuvent développer toute une série de stratégies d'adaptation, dont certaines peuvent leur être utiles, tandis que d'autres peuvent devenir limitantes à l'âge adulte. La clé pour ces individus est souvent la prise de conscience - en reconnaissant les modèles, les blessures et les besoins non satisfaits, ils peuvent commencer le processus de guérison et de construction de relations plus saines et mutuellement satisfaisantes.

Dans un contexte thérapeutique et de soutien, aussi bien les parents émotionnellement immatures que leurs enfants peuvent bénéficier de l'exploration de ces dynamiques. La thérapie, l'éducation, les groupes de soutien et d'autres ressources peuvent offrir des outils et des aperçus qui mènent à la guérison et à la croissance. En fin de compte, l'immaturité émotionnelle, avec tous ses défis, peut également offrir des opportunités uniques pour une introspection profonde, de l'empathie et une transformation personnelle.

L'immaturité émotionnelle est un concept qui englobe une vaste gamme de facettes psychologiques et socioculturelles. Pour en comprendre pleinement les origines, il est essentiel d'examiner une combinaison de facteurs historiques, psychologiques et culturels.
Facteurs Historiques:

1. **Traumatismes familiaux et générationnels** : Dans de nombreuses familles, les traumatismes non résolus du passé peuvent être transmis de génération en génération. Ceux-ci peuvent inclure des expériences de guerre, de migration, de pertes significatives, d'abus ou de pauvreté. Si ces traumatismes ne sont pas adéquatement traités ou compris, ils peuvent se manifester sous forme d'immaturité émotionnelle chez les générations futures.

2. **Histoire de l'attachement** : La théorie de l'attachement suggère que nos premières relations, en particulier avec nos soignants

principaux, façonnent notre comportement dans les relations futures. Si un individu a vécu un attachement insécurisé ou désorganisé dans son enfance, il pourrait avoir du mal à établir des liens émotionnels sains à l'âge adulte.

Facteurs Psychologiques:

1. **Blessures de l'enfance** : Les abus, la négligence, l'abandon ou d'autres formes de traumatisme pendant l'enfance peuvent empêcher un individu de développer une maturité émotionnelle complète. Ces événements traumatiques peuvent créer une base instable à partir de laquelle l'individu opère, rendant difficile la gestion des émotions ou la compréhension de ses propres sentiments et de ceux des autres.

2. **Troubles de la personnalité** : Certains troubles, tels que le trouble de la personnalité borderline ou le trouble de la personnalité narcissique, peuvent se manifester par des traits d'immaturité émotionnelle. Bien que tous les individus présentant de l'immaturité émotionnelle n'aient pas un trouble de la personnalité, il existe une superposition de comportements et de dynamiques.

3. **Phobie de l'intimité** : Certaines personnes peuvent avoir peur de l'intimité en raison d'expériences passées. Cette peur peut se manifester sous forme de réticence à partager des

émotions profondes, créant une barrière entre elles et leurs proches.

Facteurs Culturels:

1. **Normes socioculturelles** : Dans certaines cultures, exprimer ouvertement des émotions peut être perçu comme un signe de faiblesse. Les gens sont souvent encouragés à réprimer leurs émotions ou à les dissimuler, ce qui conduit à une incapacité à les gérer correctement ou à établir des relations émotionnelles avec les autres.

2. **Rôles de genre** : Dans de nombreuses sociétés, il existe des attentes strictes concernant la manière dont chaque genre devrait se comporter émotionnellement. Par exemple, les hommes peuvent être découragés de montrer de la vulnérabilité, tandis que les femmes peuvent être considérées comme "émotionnellement instables" si elles expriment de la colère. Ces stéréotypes peuvent entraver le développement émotionnel sain.

3. **Pressions de la société moderne** : Nous vivons à une époque de connectivité constante, de stress et de changements rapides. La pression pour s'adapter, réussir et "réussir" peut pousser les gens à ignorer ou à nier leurs émotions pour maintenir une apparence de contrôle ou de compétence.

Comprendre les origines de l'immaturité émotionnelle nécessite une approche holistique qui prend en compte les nombreux facteurs qui influencent le développement émotionnel d'un individu. Ce n'est qu'à travers cette lentille multidimensionnelle que nous pouvons espérer aborder, guérir et prévenir l'immaturité émotionnelle chez les générations futures.

L'immaturité émotionnelle, lorsqu'elle est examinée sous un angle multidisciplinaire, révèle une complexité profonde et stratifiée, enrichie par une série d'influences. Alors que les facteurs énumérés sont centraux, il existe d'autres nuances qui contribuent à la formation de cette caractéristique.

Tout d'abord, la **biologie** joue un rôle. La neurochimie et la structure cérébrale peuvent influencer la façon dont une personne perçoit, traite et réagit aux émotions. Par exemple, si les régions du cerveau responsables de la régulation émotionnelle ne sont pas pleinement développées ou sont influencées par des déséquilibres chimiques, des comportements émotionnellement immatures peuvent émerger. De plus, certaines études ont suggéré que la prédisposition génétique pourrait rendre certains individus plus susceptibles à l'immaturité émotionnelle, surtout lorsqu'ils sont exposés à certains environnements ou stress.

Un autre aspect important est l'**apprentissage observationnel**. Les êtres humains ont naturellement tendance à imiter et à modeler le comportement de ceux qui les entourent, en particulier pendant leur enfance et leur adolescence. Si un enfant grandit en observant des adultes (pas nécessairement ses parents) gérant leurs émotions de manière malsaine ou immature, il est probable qu'il adopte des comportements similaires, considérant qu'ils sont normatifs ou acceptables.

Les **dynamiques sociales** et les amitiés peuvent également contribuer à l'immaturité émotionnelle. Les individus qui se trouvent dans des groupes où l'immaturité émotionnelle est valorisée ou normalisée, comme les environnements où la superficialité, la manipulation ou l'instabilité sont courantes, peuvent s'adapter pour se conformer, développant des habitudes et des comportements qui reflètent ces normes.

Les expériences de vie, en particulier celles qui sont interprétées comme des échecs ou des rejets, peuvent renforcer l'immaturité émotionnelle chez certains individus. Si une personne a connu des échecs ou des rejets répétés et n'a pas appris à les gérer ou à en tirer des enseignements, elle pourrait devenir émotionnellement maladroite, évitant les risques émotionnels futurs ou réagissant de manière excessive à de petits défis ou revers.

La **littérature**, les médias et les technologies modernes peuvent jouer un rôle à la fois positif et négatif. D'un côté, l'accès à des informations et des ressources sur la santé mentale et émotionnelle peut fournir des outils pour développer une plus grande maturité émotionnelle. D'un autre côté, l'utilisation excessive des médias sociaux, la surcharge d'informations et le besoin constant de se comparer aux autres peuvent alimenter les insécurités, les anxiétés et une capacité réduite à l'introspection et à la réflexion profonde, des facteurs qui peuvent contribuer à l'immaturité émotionnelle.

In fine, les racines de l'**immaturité émotionnelle** sont profondément entremêlées dans un réseau d'expériences individuelles, d'influences environnementales et de prédispositions innées.

L'environnement dans lequel un individu grandit a un impact significatif sur le développement de sa maturité émotionnelle. Prenons, par exemple, les contextes éducatifs. Si les environnements scolaires ne favorisent pas la compétence émotionnelle, les enfants pourraient ne pas apprendre à reconnaître, exprimer ou gérer leurs émotions de manière appropriée. Les interactions avec les pairs, les enseignants et le programme lui-même peuvent façonner la façon dont un jeune percevra et réagira aux défis émotionnels tout au long de sa vie.

De même, l'exposition à des situations de conflit, telles que les quartiers ou les familles connaissant des niveaux élevés de violence, peut influencer l'immaturité émotionnelle. Dans des contextes où la survie et la sécurité sont en jeu, les émotions peuvent être rapidement réprimées ou déformées par autoprotection. Cela pourrait être une réaction tout à fait logique à l'environnement, mais dans des situations moins graves ou à l'âge adulte, ces modèles pourraient apparaître comme de l'immaturité émotionnelle. Un autre aspect à prendre en compte est l'approche culturelle de la santé mentale en général. Dans de nombreuses cultures, la santé mentale reste un tabou, et les personnes pourraient ne pas avoir les ressources ou les connaissances pour faire face à leurs propres défis émotionnels. Sans un langage approprié ou une compréhension pour exprimer et gérer les émotions, ces personnes pourraient sembler émotionnellement immatures, alors qu'en réalité, elles pourraient simplement ne pas avoir les outils ou l'éducation nécessaires pour faire face à leurs émotions.

La technologie moderne et le rythme effréné de la vie contemporaine ont également un impact sur l'immaturité émotionnelle. La gratification instantanée offerte par la technologie peut entraver la capacité d'un individu à développer la patience, la tolérance et la résilience. Lorsque les gens ont l'habitude d'obtenir des réponses et des résultats immédiats, ils pourraient ne pas savoir comment faire face à l'attente, à la déception ou à la frustration, toutes des émotions qui nécessitent une certaine maturité pour être gérées adéquatement.

De plus, le manque d'authenticité dans les interactions en ligne peut conduire à un manque d'empathie et de compréhension. Si un individu passe la majeure partie de son temps dans des environnements virtuels, il pourrait ne pas développer pleinement les compétences pour lire les émotions des autres, s'exprimer authentiquement ou établir des connexions profondes et significatives.

Enfin, la pression constante pour présenter une "version parfaite" de soi-même, souvent amplifiée par les médias sociaux, peut conduire à un manque d'authenticité et à une incapacité à faire face aux imperfections et aux vulnérabilités, à la fois les siennes et celles des autres. Cette pression pour se conformer à un idéal souvent inatteignable peut limiter la capacité d'un individu à faire face à des émotions telles que l'insécurité, la tristesse ou la déception, contribuant ainsi davantage à l'immaturité émotionnelle.

En conclusion, l'origine de l'immaturité émotionnelle est une combinaison intrinsèque et complexe d'influences biologiques, environnementales, psychologiques et socioculturelles. La trajectoire du développement émotionnel d'un individu est telle un puzzle, composée d'une multitude de pièces qui s'assemblent pour former une image plus grande. D'un côté, nous avons des facteurs biologiques tels que la neurochimie, la structure cérébrale et les prédispositions génétiques, qui peuvent fournir une base pour la façon dont les émotions sont perçues et gérées. Ces éléments, s'ils ne sont pas équilibrés ou influencés négativement par des facteurs externes, peuvent prédisposer un individu à l'immaturité émotionnelle.

D'un autre côté, les influences environnementales, telles que l'éducation, les expériences de vie et les interactions sociales, façonnent et modèlent en permanence cette base biologique. Grandir dans un environnement instable ou traumatique, ou simplement dans un environnement qui ne valorise pas ou n'enseigne pas une gestion saine des émotions, peut dévier le développement émotionnel sain. Les pressions de la société moderne, amplifiées par la technologie et les médias, peuvent encore compliquer ce parcours, poussant les individus vers l'immaturité émotionnelle comme mécanisme de défense ou résultat d'une gratification instantanée et d'attentes peu réalistes.

Les influences culturelles et sociales, avec leurs normes, valeurs et tabous, servent de toile de fond à tout cela, influençant directement ou indirectement la façon dont les émotions sont perçues, exprimées et valorisées. Les normes culturelles peuvent à la fois réprimer la maturation émotionnelle, par le biais d'attentes rigides et de stéréotypes de genre, et la promouvoir, en célébrant la diversité émotionnelle et en encourageant l'authenticité. Reconnaître l'immaturité émotionnelle et ses origines multifactorielles est la première étape cruciale pour y faire face. Ce n'est qu'avec une compréhension profonde et complète des racines de ce phénomène que nous pouvons espérer fournir des solutions, des interventions et un soutien appropriés à ceux qui en sont affectés, leur permettant d'entreprendre un chemin vers une plus grande maturité et santé émotionnelle.

3. **L'Impact de l'Immaturité Émotionnelle sur l'Enfance :** Analyse comment les enfants grandissent dans un environnement avec des parents émotionnellement immatures. L'immaturité émotionnelle des parents a des répercussions profondes sur le développement psychologique, émotionnel et relationnel des enfants. Quand un parent n'est pas en mesure de répondre adéquatement aux besoins émotionnels d'un enfant, des dynamiques complexes peuvent se déclencher, influençant l'estime de soi de l'enfant, sa confiance dans les relations, et sa capacité à gérer ses émotions.

1. **Insécurité d'Attachement : Un des aspects fondamentaux de l'enfance est le développement d'un lien sécurisé avec les principaux soignants. Les enfants développent une sécurité de base quand ils savent qu'ils peuvent compter sur leurs parents pour le réconfort et la protection. Les parents émotionnellement immatures peuvent être inconstants dans leurs réponses, ce qui amène les enfants à développer un attachement anxieux ou évitant. Ces enfants peuvent devenir excessivement préoccupés par la sécurité de leurs relations ou peuvent éviter l'intimité pour se protéger du rejet potentiel.

2. **Faible Estime de Soi : Le manque de réponse émotionnelle ou l'incohérence des parents peut faire sentir aux enfants qu'ils ne sont pas aimés ou désirés. Cette perception peut évoluer en une faible estime de soi et des sentiments d'inadéquation. L'enfant peut commencer à croire qu'il y a quelque chose fondamentalement erroné en lui, car ses besoins émotionnels ne sont pas satisfaits.

3. **Difficultés dans la Régulation Émotionnelle : Les enfants apprennent à gérer leurs émotions par le modèle et l'interaction avec leurs parents. Si un parent est émotionnellement immature, il peut ne pas fournir à l'enfant les outils nécessaires pour comprendre, exprimer et réguler ses émotions. Cela peut entraîner des épisodes de colère, d'anxiété, de tristesse ou de retrait.

4. **Manque de Compétences Sociales : L'interaction avec un parent émotionnellement disponible aide les enfants à développer des compétences sociales telles que l'empathie, le partage et l'écoute. Un environnement dépourvu de telles interactions peut rendre difficile pour l'enfant d'apprendre et de pratiquer ces compétences dans d'autres contextes, comme à l'école ou avec ses pairs.

5. **Recherche de Validation Externe : En l'absence de validation et de reconnaissance des parents, un enfant peut constamment chercher l'approbation et la validation auprès de sources externes, devenant excessivement préoccupé par le fait de plaire aux autres ou de se conformer aux attentes des autres au détriment de ses propres besoins et désirs.

6. **Schémas Relationnels Dysfonctionnels : En grandissant dans un environnement avec des parents émotionnellement immatures, les enfants peuvent développer des schémas relationnels qui reflètent ces dynamiques initiales. Cela peut se manifester sous forme d'une tendance à établir des relations avec des partenaires qui reproduisent les mêmes dynamiques de distance, de rejet ou d'incohérence.

7. **Risques pour la Santé Mentale : Une exposition prolongée à un environnement dépourvu de réponse émotionnelle peut augmenter le risque de développer des problèmes de santé mentale tels que la dépression, l'anxiété, les troubles de l'alimentation ou les problèmes de dépendance.

En résumé, bien que les enfants soient incroyablement résilients, grandir dans un environnement avec des parents émotionnellement immatures peut poser des défis significatifs. La compréhension de ces dynamiques et la mise en place d'interventions et de soutiens appropriés peuvent aider les enfants à naviguer dans ces environnements difficiles et à développer une maturité émotionnelle accrue et un bien-être à long terme.

L'environnement familial joue le rôle de premier laboratoire pour l'apprentissage social et émotionnel. Les interactions quotidiennes avec les parents, ou ceux qui remplissent leur rôle, offrent aux enfants leurs premières leçons sur la manière de se percevoir, de percevoir les autres et le monde qui les entoure. Lorsque ces parents sont émotionnellement immatures, les enseignements transmis peuvent souvent être déformés ou incohérents.

Par exemple, dans les familles où les parents ne reconnaissent pas ou minimisent les émotions de leurs enfants, ces derniers peuvent grandir sans la capacité de reconnaître ou de nommer leurs propres émotions. Dans de telles circonstances, les enfants peuvent développer une sorte d'"analphabétisme émotionnel", ce qui rend difficile l'identification et la différenciation des différentes émotions. Cette lacune peut entraîner des difficultés à reconnaître et à répondre adéquatement aux émotions des autres, une compétence clé pour établir des relations interpersonnelles saines.

En plus du manque de reconnaissance émotionnelle, l'exposition à des comportements imprévisibles ou volatils de la part des parents peut amener les enfants à développer un état de vigilance constant. Dans ces familles, l'environnement peut être perçu comme instable ou imprévisible, poussant les enfants à vivre dans un état de vigilance constante ou d'anxiété. Cet état d'hyper-vigilance peut influencer leurs performances scolaires, leur capacité à nouer des amitiés et, de manière générale, leur bien-être. Une autre conséquence de grandir avec des parents émotionnellement immatures est la tendance à inverser les rôles. Dans certaines circonstances, l'enfant peut se sentir obligé de prendre soin du parent, en assumant des responsabilités qui vont au-delà de son âge ou de ses capacités. Cela peut se produire lorsque le parent dépend excessivement de l'enfant pour un soutien émotionnel ou lorsque l'enfant ressent le besoin de "protéger" le parent contre des émotions négatives. Cette dynamique peut priver l'enfant d'une véritable enfance, le forçant à mûrir trop rapidement et à assumer des responsabilités qui ne devraient pas être les siennes.

De plus, les enfants qui grandissent dans ces environnements peuvent développer une vision déformée de l'amour et de l'acceptation. Ils peuvent croire que l'amour est conditionnel, basé sur la performance ou la conformité aux attentes des autres. Cette perception peut les pousser à rechercher des relations où ils se sentent constamment sous-estimés ou où ils ont l'impression de devoir "gagner" l'amour et l'approbation des autres.

Enfin, l'exposition à des comportements de rejet ou de retrait émotionnel de la part des parents peut inculquer aux enfants une profonde peur de l'abandon. Cette crainte peut se manifester de diverses manières, telles que l'insécurité dans les relations, la jalousie ou la difficulté à faire confiance aux autres. La peur de l'abandon peut conduire à des comportements d'attachement excessif ou, au contraire, à des comportements de détachement, en fonction de la manière dont l'enfant choisit de faire face à cette anxiété. La dynamique entre des parents émotionnellement immatures et leurs enfants peut influencer le développement de compétences fondamentales pour l'enfant. Par exemple, la capacité à résoudre les problèmes et à gérer les conflits est souvent influencée par les modes de gestion des situations stressantes par les parents. Si un parent réagit aux défis par un retrait émotionnel, le déni ou des explosions irrationnelles, un enfant pourrait ne pas développer des méthodes efficaces et matures pour faire face aux difficultés. La résilience, la capacité à se remettre rapidement des difficultés, peut également être influencée. Les enfants ont besoin de modèles de rôle montrant comment faire face aux défis avec force et détermination. En l'absence de ces modèles, les enfants peuvent grandir en se sentant impuissants face à l'adversité ou ils pourraient ne pas apprendre à voir les défis comme des opportunités de croissance.

Le concept de limites est un autre élément fondamental qui peut ne pas être bien développé chez les enfants ayant des parents émotionnellement immatures. Les enfants apprennent la notion de limites personnelles à travers leurs interactions avec leurs parents et d'autres membres de la famille. Lorsqu'un parent ne respecte pas les limites émotionnelles ou physiques d'un enfant, cela peut entraîner des difficultés à établir et à maintenir des limites saines dans les relations futures. L'enfant peut grandir en croyant qu'il est normal que ses besoins soient constamment mis de côté ou qu'il est acceptable d'envahir l'espace personnel des autres.

Le sens de la réalité et la perception du monde peuvent également être déformés en présence de parents émotionnellement immatures. Par exemple, si un parent nie constamment sa responsabilité ou reformule la réalité pour la faire correspondre à ses propres besoins ou perceptions, un enfant pourrait avoir du mal à distinguer ce qui est réel de ce qui est déformé. Cela peut entraîner de la confusion, de l'anxiété et un manque de confiance en ses propres perceptions.

La formation de l'identité est un autre processus crucial pendant l'enfance et l'adolescence. Les enfants cherchent à comprendre qui ils sont, quelle est leur place dans le monde et ce qui les rend uniques. Cette quête d'identité peut être entravée si les parents ne fournissent pas de rétroaction positive ou manipulent ou minimisent les réalisations et les sentiments de l'enfant. Dans de telles circonstances, un enfant pourrait développer une identité basée sur le fait de plaire aux autres ou d'éviter le conflit, plutôt que sur une véritable compréhension de soi.

Enfin, la capacité à se réjouir et à apprécier les petites choses de la vie peut être compromise. Les enfants ont un sens inné de l'émerveillement et de la curiosité. Cependant, dans un environnement où les émotions positives sont souvent écrasées ou ridiculisées, ou où il y a un manque d'enthousiasme ou d'appréciation pour les joies quotidiennes, cette capacité à s'émerveiller peut diminuer ou, dans le pire des cas, disparaître complètement.

L'essence de l'enfance est entrelacée avec la découverte de soi, l'apprentissage des relations avec les autres et la compréhension de sa place dans le monde. Ces processus évolutifs sont profondément influencés par l'environnement dans lequel un enfant grandit, et les parents, en tant que figures les plus influentes à cette étape, jouent un rôle crucial.

En présence de parents émotionnellement immatures, de nombreuses de ces étapes de développement peuvent subir des déviations ou des interruptions. Les dommages ne sont pas toujours immédiatement visibles ; souvent, les répercussions d'une enfance passée avec des parents émotionnellement immatures ne se manifestent qu'à l'âge adulte, lorsque l'individu rencontre des difficultés dans les relations, la gestion des émotions ou la définition de sa propre identité.

L'un des aspects les plus douloureux d'avoir des parents émotionnellement immatures est la perte potentielle de ce qui aurait pu être. Chaque enfant mérite une enfance où il se sent vu, entendu et compris. Alors que de nombreux enfants trouvent des moyens de s'adapter et développent des mécanismes de gestion, l'ombre de ce qui a manqué peut persister. Ce sentiment de "manque" peut se manifester sous forme de recherche constante d'approbation, de lutte pour établir des relations profondes et significatives, ou de sentiment de déconnexion de sa véritable identité.

De plus, la capacité d'un individu à établir des liens sécurisés et affectueux peut être compromise. L'attachement sécurisé, qui se forme grâce à des interactions cohérentes et aimantes avec les soignants pendant l'enfance, jette les bases pour les relations futures. En l'absence de cet attachement, une personne peut développer des modèles d'attachement insécurisés qui peuvent entraîner des dynamiques relationnelles problématiques à l'âge adulte.

Cependant, il est essentiel de noter que tous les enfants qui grandissent avec des parents émotionnellement immatures ne sont pas condamnés à vivre des vies problématiques ou insatisfaisantes. Beaucoup trouvent la force et les ressources, à la fois internes et externes, pour surmonter ces premiers défis. Certains recherchent un soutien thérapeutique ou trouvent du soutien auprès d'autres figures adultes positives dans leur vie, telles que des enseignants, des membres de la famille ou des mentors.

En conclusion, bien que l'enfance soit une période formatrice et vulnérable, c'est aussi une période de grande résilience. L'impact d'avoir des parents émotionnellement immatures peut être profond et durable, mais avec la bonne orientation, le soutien et la compréhension, il est possible de réécrire sa propre histoire, de trouver la guérison et de construire un avenir lumineux et significatif.

4. Signes et Symptômes chez les Enfants : Identifier les comportements et les signaux typiques des enfants vivant dans ces conditions.

La présence de parents émotionnellement immatures peut influencer le comportement et le bien-être émotionnel des enfants de diverses manières. Bien que chaque enfant soit un individu et puisse réagir différemment aux circonstances, il existe certains signes et symptômes courants qui peuvent émerger chez les enfants vivant avec des parents incapables de fournir un soutien émotionnel adéquat. Voici un aperçu détaillé de ces comportements et signaux:

1. **Comportement Rétrograde** : Un enfant peut régresser à des comportements associés à une phase de développement antérieure, tels que sucer son pouce, faire des caprices ou avoir des problèmes de contrôle de la vessie.
2. **Retrait Social** : L'enfant peut s'isoler, montrant peu d'intérêt pour l'interaction avec ses pairs ou des adultes en dehors de la famille.

3. **Anxiété et Préoccupation Excessive** :
Evident à travers des comportements nerveux,
des préoccupations constantes ou des questions
anxieuses concernant l'avenir.

4. **Problèmes de Sommeil et d'Alimentation** :
Des troubles du sommeil tels que des
cauchemars, des terreurs nocturnes ou de
l'insomnie peuvent se manifester. L'appétit peut
également être affecté, entraînant une
suralimentation ou une sous-alimentation.

5. **Faible Estime de Soi** : L'enfant pourrait parler
de lui-même en termes négatifs, montrant de la
réticence à essayer de nouvelles choses ou
exprimant des croyances telles que "je ne suis pas
assez bon".

6. **Problèmes Scolaires** : Des difficultés de
concentration, une baisse des performances
académiques ou des comportements
problématiques à l'école peuvent devenir
évidents.

7. **Attachement Excessif ou Dépendance** :
L'enfant peut devenir excessivement collant,
montrant des difficultés à se séparer de ses
parents ou d'autres figures de référence.

8. **Comportements Autodestructeurs** : Dans
les cas graves, certains enfants peuvent
commencer à afficher des comportements
autodestructeurs tels que l'automutilation, ou
parler de pensées suicidaires.

9. **Sentiments de Colère ou de Frustration** :
   Ceux-ci peuvent se manifester par des explosions
   de colère, des comportements violents ou
   oppositionnels.
10.   **Problèmes de Confiance** : Des
    difficultés à établir des liens avec les autres, de la
    méfiance ou de la peur des adultes.
11. **Sentiment de Solitude** : Même entourés
    d'autres personnes, ces enfants peuvent exprimer
    des sentiments d'isolement ou se sentir
    incompris.
12. **Mimétisme ou Adaptation Excessive** : Dans
    une tentative d'éviter les conflits ou d'attirer
    l'attention, l'enfant peut essayer de "disparaître"
    en se mimétisant dans l'environnement ou en
    s'adaptant excessivement aux besoins des autres,
    souvent au détriment des siens.
13. **Évasion dans la Fantaisie** : Pour compenser
    un environnement émotionnel déficient, l'enfant
    pourrait développer des mondes imaginaires ou
    devenir excessivement immergé dans des livres,
    des films ou des jeux vidéo comme moyen
    d'évasion.
14. **Responsabilité Excessive** : Certains enfants
    pourraient tenter de "réparer" la situation en
    prenant des responsabilités qui dépassent leur
    âge, comme prendre soin de frères et sœurs plus
    jeunes ou essayer de jouer le rôle de médiateur
    entre les parents.

En résumé, les enfants vivant avec des parents émotionnellement immatures peuvent présenter une large gamme de signes et de symptômes en raison de l'environnement émotionnel déficient. Cependant, il est essentiel de se rappeler que ces signes ne sont pas une condamnation ; avec le soutien approprié et une intervention rapide, les enfants peuvent surmonter ces défis et s'épanouir.

Poursuivant l'analyse des signes et symptômes chez les enfants élevés par des parents émotionnellement immatures, il est important de souligner que le contexte et les individualités des enfants peuvent influencer la manière dont ces signes se manifestent. Certains signes peuvent être subtils et moins évidents, tandis que d'autres peuvent être extrêmement apparents. Voici d'autres détails et facettes de cette problématique :

1. **Somatisation** : Les enfants pourraient développer des symptômes physiques en réponse au stress émotionnel. Cela peut inclure des maux de tête, des maux d'estomac ou d'autres douleurs et troubles sans cause médicale évidente.

2. **Évitement de la Responsabilité** : Contrairement à ceux qui assument une responsabilité excessive, certains enfants peuvent éviter complètement les responsabilités en

refusant de faire face à n'importe quelle tâche ou défi.

3. **Dépendance Excessive aux Dispositifs Électroniques** : Dans une tentative de distraction ou d'évasion de la réalité, certains enfants peuvent devenir excessivement attachés à leurs appareils tels que les smartphones ou les ordinateurs, passant des heures dans des activités en ligne.

4. **Peur de la Critique** : Ils pourraient éviter les situations où ils craignent d'être jugés ou critiqués, car chaque petite critique pourrait être vécue comme une confirmation de leurs craintes intérieures concernant leur inadéquation.

5. **Difficulté à Exprimer des Émotions** : Ils pourraient avoir du mal à identifier ou à parler de leurs propres sentiments, gardant souvent tout à l'intérieur jusqu'à ce qu'ils ne puissent plus le contenir.

6. **Recherche d'Approbation** : Certains enfants peuvent constamment rechercher l'approbation et la réassurance des adultes et de leurs pairs, modifiant souvent leur comportement pour plaire aux autres au détriment de leur authenticité.

7. **Envie des Pairs** : Étant donné que ces enfants peuvent remarquer la différence entre leur famille et celles de leurs amis, ils pourraient éprouver de l'envie ou de la jalousie envers leurs

pairs qu'ils perçoivent comme ayant une vie familiale "normale" ou "meilleure".

8. **Évitement de l'Intimité** : Grandir dans un environnement où l'intimité émotionnelle n'est ni modelée ni valorisée peut amener l'enfant à éviter ou à craindre l'intimité dans les relations futures.

9. **Perfectionnisme** : Dans le but d'éviter les critiques ou le rejet, l'enfant pourrait développer des traits perfectionnistes, se mettant la pression pour être le meilleur dans tout ce qu'il fait.

10. **Sentiments d'Impuissance** : Ils pourraient se sentir impuissants sur leur vie ou leur destin, ce qui entraîne des sentiments de désespoir et d'apathie.

Il est essentiel de se rappeler que, bien que ces signes puissent indiquer la présence de parents émotionnellement immatures, ils peuvent également être influencés par une multitude d'autres facteurs. Chaque enfant est un individu, et leurs réactions et comportements seront un mélange unique de tempérament, d'expériences et de contexte environnemental. De plus, il est possible qu'un enfant ne montre que certains de ces signes, ou les manifeste de manière différente de celle décrite. La clé est l'observation attentive et l'écoute, en offrant à l'enfant un environnement sûr où il peut exprimer et traiter ses émotions et ses préoccupations.

L'environnement dans lequel un enfant grandit joue un rôle fondamental dans la formation de son comportement, de sa perception de lui-même et de sa capacité à interagir avec les autres. La présence de parents émotionnellement immatures peut avoir des impacts profonds et durables qui vont au-delà des signes immédiatement visibles. Examions d'autres aspects qui pourraient émerger chez les enfants exposés à ces dynamiques :

1. **Ambivalence Emotionnelle** : Les enfants peuvent développer des sentiments ambivalents envers leurs parents, oscillant entre le désir de proximité et la colère ou le ressentiment. Ils pourraient également avoir du mal à résoudre ces sentiments contradictoires.

2. **Dépendance à des Rôles Familiaux Rigides** : Pour rechercher de la prévisibilité et de la structure dans un environnement instable, l'enfant pourrait adhérer rigidement à un rôle spécifique au sein de la famille, tel que le pacificateur, le rebelle ou le responsable.

3. **Hypervigilance** : Grandissant dans un environnement imprévisible, l'enfant peut développer une sensation constante d'alerte, toujours prêt à réagir aux menaces ou aux changements potentiels.

4. **Difficulté à Établir des Limites** : Ils pourraient avoir du mal à distinguer entre eux-mêmes et les autres, trouvant difficile d'affirmer leurs propres besoins ou de dire "non" aux demandes des autres.

5. **Comportements Compulsifs** : Comme mécanisme d'adaptation, des comportements compulsifs pourraient se développer, tels que se laver les mains de manière répétée, vérifier les choses de manière obsessionnelle ou accumuler des objets.

6. **Sentiment Pervasif de Honte** : Même en l'absence de raison évidente, l'enfant pourrait se sentir profondément inadéquat ou honteux de lui-même, croyant être fondamentalement défectueux.

7. **Tendance à la Rumination** : Ils pourraient passer beaucoup de temps à réfléchir sur des événements passés, cherchant à donner un sens à leurs expériences ou à s'inquiéter de l'avenir.

8. **Désir de Normalité** : Un profond désir de "normalité" pourrait émerger, l'enfant cherchant à se conformer aux attentes sociales tout en ne se sentant jamais vraiment "normal".

9. **Inhibition Créative** : La peur de s'exprimer librement et la crainte du jugement pourraient les inhiber dans l'expression de leur créativité ou la poursuite de passions artistiques.

10. **Relation avec le Corps** : Des problèmes tels que les troubles alimentaires, le mécontentement corporel ou une déconnexion de leur propre corps pourraient se développer en raison de la tension émotionnelle et du manque d'acceptation.

11. **Tendance à Former des Relations Toxiques** : Grandir sans modèles appropriés d'interaction saine peut amener l'enfant à répéter des schémas familiaux toxiques dans ses futures relations.

La liste des signes et comportements potentiels chez les enfants avec des parents émotionnellement immatures peut sembler décourageante, mais il est essentiel de comprendre l'étendue et la profondeur de l'impact que de tels parents peuvent avoir. Cependant, il est également important de noter que tous ces signes n'apparaîtront pas chez chaque enfant, et qu'il existe des ressources et des interventions thérapeutiques efficaces qui peuvent aider à la guérison, tant chez les enfants que chez les adultes.

La complexité des signes et des symptômes qui émergent chez les enfants élevés par des parents émotionnellement immatures met en évidence l'interconnexion entre le contexte familial et le développement de l'enfant. Grandir dans un environnement caractérisé par une instabilité émotionnelle, un manque d'empathie et une méconnaissance des besoins de l'enfant peut, dans de nombreux cas, entraîner une série de réponses comportementales et psychologiques chez les enfants. Ces signes ne sont pas simplement symptomatiques d'un seul problème ; ils sont plutôt des manifestations d'une série de problèmes interconnectés résultant d'un environnement de croissance défavorable. Chaque symptôme ou signe qui émerge chez un enfant ne doit pas être vu de manière isolée, mais plutôt comme faisant partie d'un réseau complexe de réponses et de stratégies d'adaptation que l'enfant a développé pour naviguer dans son environnement. Par exemple, la tendance à la rumination pourrait être liée à un sentiment pervasif de honte ou à une hypervigilance ; l'adhésion rigide à des rôles familiaux pourrait résulter des tentatives de l'enfant pour apporter de l'ordre et de la prévisibilité dans un environnement chaotique. La profondeur et l'étendue de ces signes et symptômes soulignent l'importance d'une intervention précoce et d'un soutien adéquat. Bien que de nombreux enfants puissent faire preuve de résilience et d'adaptabilité, cela ne signifie pas qu'ils n'ont pas besoin d'aide ou que leurs expériences n'ont pas laissé de cicatrices. Au contraire, la résilience et l'adaptabilité peuvent parfois masquer le véritable besoin de soutien, de compréhension et de thérapie.

En conclusion, il est essentiel de reconnaître que l'immaturité émotionnelle des parents n'affecte pas seulement la dynamique familiale quotidienne, mais a des répercussions à long terme sur le développement psychologique et émotionnel des enfants. Reconnaître ces signes est la première étape fondamentale pour fournir le soutien nécessaire et entreprendre un parcours de guérison. La thérapie, le soutien scolaire, les interactions positives avec des adultes de référence et une compréhension profonde de leurs expériences peuvent aider ces enfants à naviguer dans les défis de la vie et à construire un avenir sain et épanouissant. La clé est l'empathie, la compréhension et l'action éclairée pour aider ces enfants à reconnaître leur valeur et à rétablir la confiance en eux-mêmes et dans le monde qui les entoure.

5. Les répercussions à long terme : Explorez comment ces problèmes de l'enfance influencent la vie adulte en termes de relations, de carrière et de bien-être général.

Les expériences de l'enfance, en particulier celles liées à la nature des relations avec les parents, laissent une empreinte indélébile qui peut profondément influencer la vie d'un individu à l'âge adulte. Les dynamiques établies pendant l'enfance peuvent se manifester de différentes manières, influençant les relations, la carrière et le bien-être général. Explorons certaines des répercussions à long terme les plus significatives que l'enfance passée avec des parents émotionnellement immatures peut avoir sur l'individu adulte :

1. **Relations Interpersonnelles** : Les adultes qui ont eu des parents émotionnellement immatures peuvent avoir du mal à établir et à maintenir des relations intimes. Ils peuvent craindre le rejet, avoir du mal à faire confiance aux autres ou éviter la proximité par peur d'être blessés. En même temps, ils peuvent également se retrouver dans des relations toxiques, reproduisant les dynamiques familiales qu'ils ont vécues dans leur enfance.

2. **Estime de Soi** : Ces adultes pourraient avoir une faible estime de soi, souvent enracinée dans des expériences de l'enfance où ils se sont sentis incompris, négligés ou rejetés. Le sentiment persistant de ne pas être "assez bon" peut influencer les décisions de vie et les aspirations personnelles.

3. **Carrière et Réussite Professionnelle** : La peur du jugement, l'anxiété de performance et la

tendance à l'auto-sabotage peuvent entraver le progrès professionnel. En même temps, certains pourraient devenir excessivement ambitieux ou perfectionnistes, cherchant à compenser les lacunes perçues ou à rechercher l'approbation et la validation à travers des succès extérieurs.

4. **Santé Mentale** : L'exposition à des parents émotionnellement immatures peut accroître le risque de développer des problèmes de santé mentale tels que la dépression, l'anxiété, les troubles alimentaires ou les dépendances. Ces problèmes peuvent être des tentatives de gérer ou de masquer la douleur et la confusion résultant de traumatismes infantiles.

5. **Régulation Emotionnelle** : Les adultes peuvent avoir du mal à identifier, à exprimer et à gérer leurs propres émotions. Cela peut se manifester par une réactivité excessive, un retrait émotionnel ou l'utilisation de mécanismes de défense malsains pour éviter la douleur émotionnelle.

6. **Choix de Vie et Mécanismes d'Adaptation** : Pour compenser une enfance dépourvue de soutien, certains adultes peuvent chercher du réconfort dans des comportements destructeurs tels que l'abus de substances, des relations éphémères ou le jeu.

7. **Perception de Soi et du Monde** : L'image de soi peut être déformée, les adultes se voyant à

travers un prisme négatif. Le monde peut être perçu comme défensif ou cynique, influençant la capacité à construire des relations positives et à espérer un avenir meilleur.

8. **Corps et Bien-être Physique** : L'accumulation de stress et de traumatismes émotionnels peut également se manifester physiquement, entraînant des problèmes tels que l'insomnie, les troubles alimentaires, les tensions musculaires chroniques ou les maladies liées au stress.

9. **Peur du Changement et de la Croissance** : La familiarité des dynamiques de l'enfance, même si elles étaient négatives, peut rendre certains adultes réticents au changement, craignant l'inconnu ou la possibilité d'échec.

10. **Besoin de Contrôle** : Ayant vécu dans un environnement chaotique pendant leur enfance, certains adultes peuvent chercher à contrôler excessivement leur environnement, ce qui peut entraîner des dynamiques relationnelles dysfonctionnelles ou des comportements obsessionnels-compulsifs.

En conclusion, les répercussions à long terme de l'enfance passée avec des parents émotionnellement immatures sont profondes et variées. Cependant, il est essentiel de souligner que, malgré ces défis, de nombreux adultes trouvent des moyens de guérir et de grandir. La thérapie, l'auto-réflexion, les relations de soutien et l'apprentissage de nouvelles compétences d'adaptation peuvent aider les individus à surmonter ces obstacles et à construire une vie épanouissante.

Les implications d'avoir été élevé par des parents émotionnellement immatures peuvent irradier dans presque tous les aspects de la vie d'un individu. Bien que les principales conséquences aient déjà été explorées, il existe de nombreux niveaux et facettes de cet impact qui méritent une réflexion plus approfondie : Modes de Comportement et de Communication : Les adultes élevés dans des familles avec des parents émotionnellement immatures peuvent avoir développé des façons spécifiques de communiquer et de se rapporter aux autres. Ils pourraient manifester des comportements passifs-agressifs, car ils n'ont peut-être jamais appris à exprimer ouvertement leur frustration ou leur malaise. Alternativement, ils pourraient éviter complètement les conflits en se retirant ou en cédant devant toute forme de tension. Cela peut conduire à des relations où leurs propres besoins et désirs sont constamment relégués au second plan. Vision de l'Intimité : L'intimité, à la fois émotionnelle et physique, peut être perçue comme quelque chose de dangereux ou de menaçant. Cela est dû au fait que l'ouverture et la vulnérabilité envers les parents dans le passé ont peut-être conduit au rejet ou aux moqueries. Par conséquent, l'idée de devenir intime avec quelqu'un, même dans une relation amoureuse, peut susciter de l'anxiété ou de la peur. Dépendance et Indépendance : L'équilibre instable entre le désir d'indépendance et la peur de l'isolement peut devenir une lutte centrale. Certains pourraient devenir excessivement indépendants, refusant de l'aide même lorsque cela est nécessaire, tandis que d'autres pourraient devenir excessivement dépendants, cherchant continuellement la réassurance et l'approbation des autres. Recherche de Figures Parentales de Remplacement : Une tendance commune chez ceux qui ont eu des parents émotionnellement immatures est de rechercher des figures parentales de remplacement à l'âge adulte. Cela peut se manifester en cherchant des mentors, des amis plus âgés ou même des thérapeutes qui peuvent fournir la guidance et le soutien qui ont fait défaut pendant l'enfance. Auto-perception de la Valeur : Beaucoup d'adultes peuvent baser leur estime de soi sur ce qu'ils font plutôt que sur ce qu'ils sont. Cela peut conduire à une emphase excessive sur les réalisations et sur le succès extérieur comme mesure de leur estime de soi.

Gestion du Stress et Résilience : **La capacité à gérer le stress et à se remettre des événements adverses peut être compromise.** Des situations qui pourraient sembler banales ou gérables pour d'autres peuvent sembler écrasantes pour ceux qui ont passé leur enfance dans un environnement instable.

Modes d'Apprentissage et de Croissance : L'approche de l'apprentissage et du développement personnel peut être influencée par **la peur de l'erreur ou l'appréhension de montrer son "inadéquation".** Cela peut conduire à éviter de nouvelles expériences ou défis, limitant ainsi la capacité de croissance et de développement.

Sensibilité aux Besoins des Autres : Paradoxalement, bien que leur propre croissance émotionnelle ait pu être entravée, **de nombreux adultes ayant eu des parents émotionnellement immatures développent une sensibilité profonde aux besoins et aux sentiments des autres.** Ils peuvent devenir extrêmement empathiques, souvent au détriment de leurs propres besoins et limites.

Conception de la Famille et de la Parentalité : Lorsqu'ils deviennent parents, **les adultes ayant un passé de parents**

émotionnellement immatures peuvent être déterminés à "rompre le cycle" et à offrir à leurs enfants ce qui leur a manqué. Cependant, sans une réflexion et une thérapie appropriées, ils pourraient inconsciemment répéter certains des comportements qu'ils ont appris.

Ce ne sont que quelques-unes des nombreuses façons dont la croissance dans un environnement avec des parents émotionnellement immatures peut influencer la vie d'un individu. Bien que les défis soient significatifs, avec la bonne introspection, le soutien et les ressources, il est possible de trouver la guérison et de construire une vie riche et satisfaisante.

Style d'Attachement Insécuritaire : **L'une des implications les plus profondes d'avoir été élevé par des parents émotionnellement immatures est le développement de styles d'attachement insécuritaires.** Les styles d'attachement se forment en réponse à la manière dont les besoins émotionnels d'un enfant sont satisfaits par ses soignants. Lorsque les soignants sont imprévisibles, distants ou trop envahissants, les enfants peuvent développer des styles d'attachement anxieux, évitants ou désorganisés. Ces schémas d'attachement peuvent profondément influencer la façon dont un individu aborde les relations à l'âge adulte, souvent conduisant à des dynamiques malsaines. Tendance aux Relations Toxiques : Étant donné leur expérience passée, **les adultes qui ont grandi avec des parents émotionnellement immatures peuvent avoir du mal à reconnaître et à établir des relations saines.** Ils peuvent être attirés par des partenaires qui reproduisent des comportements familiaux, même s'ils sont nuisibles, ou ils peuvent avoir du mal à établir des limites saines. Dissociation et Évasion : Pour faire face à l'instabilité émotionnelle de l'enfance, certains peuvent avoir développé des mécanismes de défense tels que **la dissociation.** Cela implique un détachement de la réalité environnante, souvent en réponse à des situations stressantes ou traumatisantes. À l'âge adulte, cette dissociation peut se manifester de différentes manières, comme l'incapacité à rester présent dans des situations émotionnellement chargées ou la tendance à "s'évader" mentalement. Auto-sabotage : **Un manque d'estime de soi et de confiance en soi peut entraîner des comportements d'auto-sabotage.** Cela pourrait inclure l'évitement d'opportunités qui conduiraient au succès, le retrait de relations prometteuses ou la création de problèmes dans des situations par ailleurs stables. L'auto-sabotage peut découler de la conviction inconsciente que l'on ne mérite pas le bonheur ou le succès.

Hypersensibilité à la Critique : **Grandir dans un environnement où l'estime de soi a constamment été compromise peut rendre extrêmement sensible à la critique.** Cette hypersensibilité peut se manifester par l'évitement de situations où l'on pourrait être jugé, ou par une réaction excessive à des commentaires, même constructifs.

Compulsions et Dépendances : Pour faire face à la douleur non résolue, certains peuvent se tourner vers **des comportements compulsifs ou des dépendances.** Cela pourrait inclure l'utilisation de substances, la suralimentation, les achats compulsifs ou tout autre comportement offrant un soulagement temporaire de la douleur intérieure.

Problèmes d'Identité : Sans un modèle solide d'auto-référence et de compréhension émotionnelle pendant l'enfance, de nombreuses personnes ont du mal à développer une identité claire. **Ce manque d'identité claire peut conduire à une recherche continue d'appartenance et d'approbation extérieure.**

Difficultés dans la Parentalité : Lorsque les individus deviennent parents, les blessures et les

lacunes de leur enfance peuvent refaire surface. **Cela peut se manifester par l'incertitude quant à leur capacité à être de bons parents ou par la répétition inconsciente de comportements appris de leurs propres parents.**
La profondeur et l'étendue des implications à long terme sont vastes, et chaque individu aura sa propre combinaison unique de défis et de réactions basée sur ses expériences personnelles. Cependant, **reconnaître ces schémas et en comprendre les origines est la première étape cruciale vers la guérison et la création d'une vie plus saine et plus satisfaisante.**
La compréhension des répercussions à long terme de grandir avec des parents émotionnellement immatures est essentielle non seulement pour ceux qui ont directement vécu ces expériences, mais aussi pour les professionnels de la santé mentale, les éducateurs et la société dans son ensemble. Le tissage des multiples défis décrits offre un aperçu détaillé de la manière dont une enfance dépourvue de stabilité émotionnelle peut influencer la formation de l'identité, la façon dont les gens se perçoivent eux-mêmes et les autres, et comment ils font face aux défis de la vie adulte.

Avoir grandi avec des parents émotionnellement immatures peut déclencher une série de comportements d'auto-préservation et de schémas de pensée déformés. Bien que ces comportements et schémas aient pu avoir un sens pendant l'enfance en tant que mécanismes d'adaptation dans un environnement imprévisible, ils ne servent souvent plus l'individu dans sa vie d'adulte et peuvent devenir des obstacles au bien-être et au bonheur.

Les relations peuvent devenir particulièrement problématiques, car **l'individu pourrait inconsciemment rechercher des dynamiques familiales chez l'adulte** ou lutter contre la vulnérabilité et l'intimité en raison des blessures passées. La carrière, l'éducation et d'autres aspects de la vie peuvent être influencés par des insécurités profondément enracinées, l'auto-sabotage et une hypersensibilité aux critiques.

Cependant, avec une prise de conscience profonde des origines de ces défis et un engagement envers la guérison, il y a de l'espoir. De nombreux individus surmontent leurs difficultés initiales et construisent des vies riches de sens, de connexion et d'accomplissement.

L'importance du soutien thérapeutique, des communautés de soutien et des ressources éducatives ne peut pas être

suffisamment soulignée : ils sont essentiels pour aider les gens à démanteler les anciens schémas et à construire de nouvelles stratégies pour une vie satisfaisante.

La résilience humaine est extraordinaire, et bien que les blessures de l'enfance puissent laisser des cicatrices profondes, **la capacité de guérison, de croissance et de transformation est tout aussi profonde.** La clé réside dans la reconnaissance, l'acceptation et la recherche active du changement et du soutien.

6. Le Rôle de l'Argent et du Pouvoir :
Analyse comment l'immaturité émotionnelle peut influencer les décisions économiques et de pouvoir au sein de la famille.

Le Rôle de l'Argent et du Pouvoir : Au sein de nombreuses familles, l'argent et le pouvoir sont étroitement liés et peuvent être utilisés comme moyens de contrôle, d'influence sur les dynamiques familiales et d'expression d'insécurités ou d'immaturité émotionnelle. Lorsqu'il s'agit de parents émotionnellement immatures, ce lien peut devenir particulièrement évident et problématique.

1. **Contrôle à travers les Ressources Économiques :** Les parents émotionnellement immatures peuvent utiliser l'argent comme un outil de manipulation. Cela peut inclure la menace de retirer un soutien financier, donner de l'argent ou des biens comme une forme de manipulation, ou contrôler excessivement les dépenses des enfants, même lorsqu'ils sont adultes.

2. **L'Argent comme Substitut de l'Affection :** Dans certaines familles, les cadeaux, l'argent ou d'autres formes de soutien matériel peuvent remplacer l'affection authentique et l'attention émotionnelle. Au lieu de fournir de l'empathie, de la compréhension et un soutien émotionnel, un parent émotionnellement immature pourrait recourir à l'achat de biens comme une tentative maladroite de "résoudre" les problèmes émotionnels ou comme un moyen de montrer de l'amour.

3. **Insécurité et Ostentation :** L'insécurité émotionnelle peut conduire à un besoin d'ostentation ou de dépenses excessives comme un moyen de gagner l'approbation sociale ou de renforcer l'estime de soi. Un parent pourrait essayer d'impressionner les autres par des biens matériels, cherchant ainsi à compenser ses propres lacunes émotionnelles.

4. **Décisions Financières Impulsives :**
L'immaturité émotionnelle peut se manifester
par des décisions financières impulsives ou
irresponsables. Au lieu de considérer les
implications à long terme ou les besoins de la
famille dans son ensemble, un parent
émotionnellement immature pourrait faire des
achats basés sur les besoins émotionnels du
moment ou sur des désirs éphémères.

5. **Le Pouvoir comme Moyen de Contrôle :** En
plus de l'argent, le pouvoir sous forme d'autorité
ou de contrôle peut être exercé de manière
malsaine. Cela pourrait se manifester comme un
besoin de dominer ou de contrôler les décisions
familiales, de restreindre l'autonomie des autres
membres de la famille, ou d'utiliser la culpabilité
et la manipulation pour maintenir une position
dominante.

6. **Évitement de la Responsabilité :**
Paradoxalement, tandis que certains parents
émotionnellement immatures peuvent chercher à
contrôler excessivement les finances et les
décisions de pouvoir, d'autres pourraient éviter
les responsabilités financières, négligeant les
besoins de la famille ou confiant la gestion de
l'argent à d'autres sans réflexion ou
compréhension adéquate.

7. **Conflits et Rivalités :** L'immaturité
émotionnelle peut entraîner des conflits liés à

l'argent et au pouvoir au sein de la famille, avec des membres individuels rivalisant pour les ressources ou se sentant menacés lorsque d'autres acquièrent une autonomie financière ou du pouvoir.

En conclusion, **l'argent et le pouvoir, entre les mains d'individus émotionnellement immatures, peuvent devenir des outils de manipulation, de contrôle et de conflit au sein de la famille.** La capacité à reconnaître et à aborder ces dynamiques malsaines est essentielle pour briser les cycles de dépendance, de manipulation et d'abus. La prise de conscience des motivations émotionnelles derrière les décisions financières et de pouvoir peut aider les individus à naviguer et à construire des relations familiales plus saines et équilibrées.

La compréhension de la manière dont l'argent et le pouvoir sont utilisés au sein d'une famille dirigée par des parents émotionnellement immatures offre un aperçu approfondi des modèles de comportement qui peuvent émerger.

La Dynamique de la Pénurie : Dans certains contextes, les parents émotionnellement immatures peuvent créer un environnement de pénurie, où il y a une perception constante qu'il n'y a jamais assez d'argent, quelle que soit la réalité financière de la famille. Cela peut inculquer une mentalité de pénurie chez les enfants, les amenant à craindre constamment de ne pas avoir assez, que ce soit en termes de ressources matérielles ou de ressources émotionnelles.

La Valeur Personnelle Liée à la Possession Matérielle : Lorsque les compétences émotionnelles font défaut, la valeur d'un individu peut être perçue comme étroitement liée à ses biens matériels. Cela peut se traduire par une pression sur soi-même et sur les autres membres de la famille pour réussir matériellement comme moyen de gagner l'amour et l'approbation.

L'Argent comme Substitut des Émotions : En période de tension ou de conflit, un parent émotionnellement immature pourrait offrir de l'argent ou des cadeaux comme moyen de "réparer" la situation, plutôt que de faire face au véritable problème émotionnel. Cela peut amener les enfants à développer une relation malsaine avec l'argent, le considérant comme un substitut de l'affection ou comme un moyen de gagner l'approbation des parents.

Dépendance Financière et Autonomie : Dans certaines familles, un parent émotionnellement immature pourrait délibérément maintenir ses enfants dans un état de dépendance financière, les empêchant d'acquérir les compétences et la confiance nécessaires pour devenir autonomes. Ce contrôle financier peut devenir un moyen de maintenir les enfants "proches", tant sur le plan émotionnel que physique, bien au-delà de l'âge adulte.

Évitement et Déni : À l'inverse, certains parents émotionnellement immatures peuvent complètement éviter les questions d'argent, vivant dans un état de déni à l'égard de leurs responsabilités financières. Cela peut entraîner des problèmes tels que des dettes impayées, une collecte irrationnelle de fonds ou l'évitement de décisions financières importantes ayant un impact sur l'ensemble de la famille.

Résonance dans les Relations Futures : Les enfants élevés dans ces dynamiques peuvent transporter avec eux des modèles malsains dans leur vie d'adulte. Par exemple, ils pourraient rechercher des partenaires exerçant un contrôle financier sur eux, ou au contraire, pourraient éviter complètement l'argent et les responsabilités financières dans leurs relations. En effet, lorsque les parents utilisent l'argent comme une extension de leurs insécurités ou comme un moyen d'exercer le contrôle, cela peut avoir des répercussions profondes sur le développement émotionnel et financier de leurs enfants. Ces modèles peuvent s'enraciner profondément, influençant non seulement la façon dont un individu voit l'argent, mais aussi comment il se voit lui-même et sa valeur au sein des relations.

Abus Financier et Relations : Une manifestation extrême de la manipulation de l'argent et du pouvoir est l'abus financier, où un parent ou un partenaire utilise l'argent comme un outil pour contrôler et dominer l'autre. Ils pourraient limiter l'accès aux fonds, contrôler toutes les décisions financières ou utiliser l'argent comme moyen de punir ou de récompenser.

La Question de l'Héritage : Dans les familles avec des parents émotionnellement immatures, la question de l'héritage peut devenir un champ de mines. Promesses, menaces d'exclusion et manipulations peuvent entourer le concept de qui recevra quoi, faisant de l'argent et des biens un point central de tension et de conflit.

Valeurs Distordues : En raison de l'accent excessif mis sur l'argent et le pouvoir, les enfants peuvent grandir en croyant que le succès matériel est le seul paramètre de réussite dans la vie. Cela pourrait les pousser à poursuivre des objectifs matériels au détriment des relations, du bonheur et de la satisfaction personnelle.

Sous-estimation de l'Argent : Certains parents émotionnellement immatures, dans leur tentative de paraître non matérialistes, pourraient minimiser la valeur et l'importance de l'argent, conduisant les enfants à ne pas avoir une compréhension saine de la gestion financière personnelle et de l'indépendance financière.

L'Importance du Statut : Dans certaines familles, l'argent est perçu comme un moyen d'obtenir un statut social. Cela peut entraîner une préoccupation excessive pour les apparences, la marque et l'ostentation, transmettant aux enfants l'idée que leur valeur dépend de ce qu'ils possèdent ou de la manière dont ils sont perçus par les autres.

La Peur du Rejet : Si les parents utilisent l'argent comme moyen d'approbation, les enfants peuvent développer une profonde peur du rejet liée à la stabilité financière. Ils pourraient se sentir aimés uniquement lorsqu'ils sont financièrement prospères ou comme s'ils devaient "acheter" l'amour et l'approbation par le biais de cadeaux et de dépenses.

Relation entre l'Estime de Soi et les Finances : En grandissant dans un environnement où l'argent est étroitement lié à l'estime de soi, les enfants peuvent développer une vision déformée de leur propre valeur. Ils pourraient se sentir inadéquats s'ils n'atteignent pas certains objectifs financiers ou s'ils ne peuvent pas maintenir un certain style de vie.

Comportement à Risque Financier : En raison de l'instabilité émotionnelle et du manque d'une éducation financière saine, certains enfants élevés dans ces contextes peuvent devenir des adultes adoptant des comportements financiers à risque, tels que des achats impulsifs, l'accumulation de dettes ou l'investissement dans des schémas risqués.

Les complexités des dynamiques d'argent et de pouvoir dans les familles avec des parents émotionnellement immatures sont profondes et complexes. Alors que chaque famille est unique, il existe des modèles communs qui peuvent émerger lorsque l'immaturité émotionnelle se mêle à des questions financières et de pouvoir. L'argent, dans son essence, est un outil, un moyen d'échange facilitant les transactions et représentant la valeur dans une société.

Cependant, dans la dynamique d'une famille où des parents émotionnellement immatures prévalent, l'argent va bien au-delà de sa fonction de base, se transformant en un outil de contrôle, de pouvoir, de manipulation et, dans certains cas, d'abus.

Dans les familles avec des parents émotionnellement immatures, l'argent peut devenir le point central de nombreuses tensions. Il peut être utilisé comme un mécanisme pour exercer un contrôle, où l'accès aux fonds est limité ou utilisé comme moyen de manipuler les émotions et les comportements. Dans cette dynamique, les enfants peuvent grandir en voyant l'argent non seulement comme une ressource, mais comme un symbole d'amour, d'approbation ou même comme un baromètre de leur propre valeur intrinsèque.

L'utilisation déformée de l'argent peut avoir des répercussions profondes. Par exemple, un enfant élevé dans un environnement où l'amour est "acheté" par des cadeaux ou où l'approbation est gagnée par des réussites matérielles peut développer une vision déformée de sa propre estime de soi. Ces individus pourraient commencer à lier leur propre sens de l'identité et de la valeur aux biens matériels ou à la réussite financière, plutôt qu'à des qualités intrinsèques telles que la gentillesse, la compassion ou l'intelligence.

De plus, lorsqu'un parent émotionnellement immature utilise l'argent comme principal moyen d'interaction avec les enfants, il peut priver ces derniers de l'occasion de développer des compétences émotionnelles saines. Au lieu d'apprendre à communiquer, à comprendre et à faire face à leurs propres émotions et à celles des autres, ces enfants apprennent que l'argent est la seule langue qui compte, une langue qui peut

facilement étouffer les conflits, mais qui résout
rarement les véritables problèmes sous-jacents.
En conclusion, l'argent et le pouvoir, lorsqu'ils
sont utilisés de manière déformée au sein de la
famille, peuvent créer un environnement toxique
et déformé. Il est essentiel de reconnaître ces
schémas et de travailler pour les interrompre, en
veillant à ce que les générations futures puissent
avoir une vision saine de l'argent, du pouvoir et
des relations interpersonnelles. La clé réside
dans l'éducation, la sensibilisation et le soutien,
en fournissant aux personnes les ressources et les
outils nécessaires pour démêler, comprendre et
finalement résoudre ces complexes entrelacs
d'émotions et de finances.

7. Stratégies d'Adaptation : Examine les
tactiques que les enfants adoptent pour faire face,
telles que la négation, l'isolement ou la
conformité.
Lorsque les enfants grandissent dans un
environnement avec des parents
émotionnellement immatures, ils développent
souvent toute une série de stratégies d'adaptation
pour naviguer dans ce contexte compliqué et
parfois nuisible. Ces stratégies peuvent varier en
fonction de la personnalité de l'enfant, des
circonstances spécifiques et du degré

d'immaturité émotionnelle des parents.
Examinons quelques-unes de ces stratégies :

1. **Négation :** Il s'agit de l'une des premières défenses qu'un enfant peut développer. En refusant de reconnaître ou d'accepter qu'il y a un problème, l'enfant peut se sentir temporairement en sécurité. Cependant, cette tactique entraîne souvent des problèmes ultérieurs, lorsque l'enfant peut ne pas reconnaître des situations similaires ou problématiques dans d'autres relations.

2. **Isolement :** Pour éviter les conflits ou les déceptions, certains enfants peuvent choisir de s'isoler, en réduisant au minimum l'interaction avec le parent problématique. Cela peut se manifester par le fait de passer beaucoup de temps dans sa chambre, de s'immerger dans des activités solitaires ou d'éviter d'amener des amis à la maison.

3. **Conformité :** Certains enfants deviennent extrêmement complaisants, cherchant à plaire au parent émotionnellement immature de toutes les manières possibles. Ils essaient d'être l'"enfant parfait", espérant que cela atténuera les comportements problématiques du parent.

4. **Rôle parental :** Certains enfants peuvent assumer un rôle mature prématurément, en essayant de prendre soin des parents ou des frères et sœurs plus jeunes. Ce "parentage

inversé" peut faire sentir à l'enfant qu'il est nécessaire et important, mais peut aussi le priver de son enfance.

5. **Rébellion :** Contrairement à la conformité, certains enfants réagissent en se rebellant. Cette rébellion peut se manifester par des comportements provocateurs, des problèmes à l'école ou même des comportements autodestructeurs.

6. **Dissociation :** Dans des situations particulièrement traumatisantes, certains enfants peuvent se "dissocier" émotionnellement ou mentalement de la situation. Ils peuvent sembler absents ou distants, comme si leur esprit était ailleurs. La dissociation est un mécanisme de défense qui aide à protéger la psyché des expériences et des sentiments insupportables.

7. **Perfectionnisme :** Certains enfants cherchent à contrôler le chaos qui les entoure en devenant perfectionnistes. Ils s'efforcent d'obtenir les meilleures notes, d'être les meilleurs dans les sports ou d'autres activités, espérant que le succès extérieur compensera l'instabilité émotionnelle à la maison.

8. **Développement d'un sens de l'humour :** Certains enfants utilisent l'humour comme moyen de défense. Faire des blagues ou rire des situations peut être un moyen d'alléger l'atmosphère et de détourner l'attention des

problèmes. Ces stratégies d'adaptation sont des moyens pour les enfants de se protéger et de créer un sentiment de normalité dans des situations anormales. Cependant, il est important de noter que, bien qu'elles puissent être utiles à court terme, à long terme, elles peuvent entraîner des problèmes émotionnels, relationnels et comportementaux. La prise de conscience de ces stratégies et la compréhension de leurs origines sont essentielles pour le processus de guérison et le développement de relations saines à l'âge adulte.

9. Évitement : Dans certains cas, les enfants peuvent développer une tendance à l'évitement. Cela peut se manifester par l'évitement de rentrer à la maison après l'école, en passant beaucoup de temps avec des amis ou dans des activités parascolaires. L'objectif est souvent de réduire l'exposition à l'environnement domestique toxique.

10. Création de Mondes Fantastiques : Surtout chez les plus jeunes enfants, une stratégie courante pour faire face à des situations traumatisantes est la création de mondes imaginaires. Ces mondes offrent un refuge contre les dures réalités de leur vie, leur permettant de vivre des aventures, d'avoir des amis imaginaires, voire d'adopter de nouvelles identités.

11. Recherche de Modèles Extérieurs : Face
à l'incapacité de se connecter avec un parent
émotionnellement immature, certains enfants
peuvent chercher des modèles alternatifs, tels
que des enseignants, des entraîneurs, des voisins
ou des membres de la famille élargie. Ces
individus peuvent offrir le type de soutien, de
guidance et de compréhension qui font défaut à
la maison.

**12. Développement d'une Forte Résilience
:** Même s'ils grandissent dans des
environnements hostiles, de nombreux enfants
peuvent développer une résilience surprenante.
Ils cherchent à trouver le côté positif des
situations, apprennent de chaque expérience et
s'efforcent de ne pas être découragés par
l'adversité.

13. Répression des Émotions : Pour éviter
les conflits ou d'autres traumatismes, certains
enfants choisissent de réprimer leurs émotions.
Cela signifie ne pas montrer de tristesse, de
colère ou de peur, même si ces émotions sont
clairement présentes sous la surface.

14. Hypervigilance : Un autre comportement
courant chez les enfants qui grandissent dans des
environnements instables est l'hypervigilance. Ils
sont constamment alertes, cherchant des signes
de danger ou des changements dans l'humeur
des parents. Cet état d'alerte constant peut être

épuisant et conduire à des problèmes d'anxiété au fil du temps.

15. Adoption de Comportements d'Auto-Mutilation : Dans des situations extrêmes, certains enfants peuvent commencer à manifester des comportements d'auto-mutilation comme moyen d'exprimer leur souffrance intérieure ou de tenter d'exercer un certain contrôle sur leur douleur.

16. Création d'Alliances Familiales : Dans les familles avec plus d'un enfant, une dynamique peut se développer où les frères et sœurs forment une alliance pour se soutenir mutuellement, offrant réconfort, compréhension et protection mutuelle.

17. Désir de Fuir : Beaucoup d'enfants et d'adolescents cultivent des rêves de fuite, se manifestant par des fantasmes d'être adoptés par une autre famille, de partir de chez eux ou, à un âge plus avancé, de partir pour l'université ou le travail le plus loin possible de la famille d'origine. Chaque enfant est unique, et les stratégies d'adaptation adoptées peuvent varier considérablement en fonction de la personnalité de l'individu et des circonstances familiales spécifiques. Cependant, il est essentiel de reconnaître que ces stratégies, bien qu'elles soient souvent adoptées pour la survie émotionnelle, peuvent avoir des conséquences à long terme sur la santé mentale et le bien-être de l'individu.

18. Imitation de Comportements : Il n'est pas rare que les enfants imitent les comportements de leurs parents, même s'ils sont nuisibles. Cela peut se manifester par l'adoption des mêmes croyances ou attitudes limitantes, ou la répétition de schémas de comportement dans l'espoir d'obtenir l'approbation ou l'amour.

19. Renforcement Positif Sélectif : Certains enfants peuvent mettre en avant ou exagérer les rares moments positifs avec leurs parents comme moyen de créer un sentiment de normalité. Cela peut les amener à ne se souvenir que des moments "bons", minimisant ou oubliant complètement les épisodes négatifs.

20. Recherche de Confirmations Externes : En grandissant avec des parents qui n'offrent pas de confirmations positives ni de soutien émotionnel, les enfants peuvent devenir dépendants des approbations externes. Cela peut se manifester par une dépendance aux médias sociaux, un fort besoin de reconnaissance dans les activités scolaires ou sportives, ou la recherche de relations où ils se sentent constamment en besoin d'approbation.

21. Développement de Compétences en Résolution de Problèmes : Face à des défis constants, certains enfants peuvent devenir particulièrement habiles dans la résolution de problèmes. Cela peut devenir une compétence précieuse qui les aide dans de nombreux domaines de la vie, même si son origine peut être enracinée dans un contexte familial compliqué.

22. Formation de Barrières Emotionnelles : Pour se protéger de la douleur ou du rejet, certains enfants peuvent construire des murs émotionnels, rendant difficile pour les autres de s'approcher d'eux ou de comprendre vraiment leurs sentiments.

23. Développement d'une Ethique du Travail Obsessionnelle : Comme mécanisme de défense, certains enfants peuvent plonger complètement dans le travail ou les études, cherchant à trouver un sentiment de valeur et d'accomplissement en dehors de la sphère familiale.

24. Refugio nella spiritualità o nella religione : La recherche de réconfort et de guidance d'une autorité supérieure peut conduire certains enfants vers la spiritualité ou la religion. Cela peut fournir un sentiment d'appartenance et un but qui font défaut dans leur environnement familial.

25. Empathie Excessive : Curieusement, certains enfants peuvent développer une capacité d'empathie élevée en raison de leur situation. En essayant de comprendre et de prévoir les comportements de leurs parents, ces enfants peuvent devenir particulièrement sensibles aux sentiments et aux besoins des autres, souvent au détriment de leurs propres besoins.

26. Refus de l'Intimité : Ayant vécu l'instabilité et le manque de soutien émotionnel à la maison, certains enfants peuvent grandir en refusant l'idée de l'intimité. Ils pourraient voir les relations étroites comme dangereuses ou imprévisibles et donc les maintenir à distance. Toutes ces stratégies représentent les tentatives de l'enfant de naviguer dans un environnement incertain et souvent douloureux. Si elles ne sont pas reconnues et abordées, bon nombre de ces tactiques peuvent persister à l'âge adulte, influençant les relations, la carrière et le bien-être général. La clé pour surmonter ces comportements enracinés est souvent la conscience, l'éducation et, dans de nombreux cas, l'aide professionnelle.

La capacité des enfants à développer des stratégies d'adaptation en réponse à leur environnement de croissance témoigne à la fois de leur résilience et de leur vulnérabilité. Les stratégies d'adaptation sont fondamentalement des mécanismes de défense - des réponses innées ou apprises pour se protéger de la douleur, de la confusion et parfois du traumatisme. Cependant, alors que ces stratégies peuvent offrir un soulagement temporaire ou un sentiment de sécurité en période d'incertitude extrême, elles peuvent également avoir des conséquences négatives. Dans le contexte des familles avec des parents émotionnellement immatures, ces stratégies d'adaptation servent souvent de bouée de sauvetage. Les enfants, cherchant à donner un sens au comportement de leurs parents et à trouver des moyens de naviguer dans un environnement souvent imprévisible, adoptent des comportements qu'ils estiment les aideront à survivre émotionnellement. Que ce soit en imitant des comportements appris, en construisant des barrières émotionnelles ou en cherchant du réconfort dans des activités externes, l'objectif principal est souvent le même : trouver de la stabilité au milieu du chaos. Cependant, la complexité de ces mécanismes d'adaptation réside dans le fait que, bien qu'ils puissent offrir une sorte de refuge temporaire, ils peuvent aussi devenir des pièges à long terme. Par exemple, un enfant qui développe une forte barrière émotionnelle peut se retrouver, à l'âge adulte, incapable d'établir des relations profondes et significatives. Un autre qui a pris l'habitude de chercher constamment des confirmations externes peut devenir un adulte ayant une faible estime de soi et une dépendance à la validation des autres. Reconnaître et comprendre ces stratégies est la première étape fondamentale pour les affronter. Une fois identifiées, les personnes peuvent commencer le processus de guérison, qui peut inclure la thérapie, la réflexion personnelle et le développement de nouvelles habitudes et stratégies de gestion plus saines. L'objectif final, bien sûr, est de permettre à ceux qui ont grandi dans de telles circonstances de vivre une vie adulte saine, équilibrée et épanouissante, en se libérant des chaînes de leurs expériences infantiles et en construisant un avenir basé sur la compréhension, l'acceptation et l'amour de soi.

8. La Redécouverte de Soi : Conseils sur la manière dont les adultes peuvent renouer avec leur vrai moi et leurs passions.
Redécouvrir son identité après avoir grandi dans un environnement avec des parents émotionnellement immatures peut être un voyage profond et transformationnel. Cette redécouverte n'est pas seulement une réaction à la nécessité de guérison, mais représente également un chemin vers la réalisation de soi et l'équilibre personnel. Voici quelques approches et conseils que les adultes peuvent adopter pour renouer avec leur vrai moi et leurs passions :

1. Réflexion Introspective : Commencez par passer du temps en réflexion. Cela peut se faire par la méditation, la tenue d'un journal intime, ou simplement en passant du temps en solitude. Posez-vous les questions : "Qui suis-je vraiment ? Qu'est-ce que j'aime faire ? Quelles sont mes passions ?"

2. Thérapie : Un thérapeute peut vous aider à naviguer dans les émotions complexes et les défis qui découlent de votre enfance et vous fournir des outils et des stratégies pour progresser.

3. Définissez Vos Valeurs : Réfléchissez aux valeurs que vous souhaitez intégrer dans votre vie et à la manière dont vous souhaitez vivre. Ces valeurs deviendront votre boussole, vous guidant dans vos décisions quotidiennes.

4. Essayez de Nouvelles Activités : Essayez différentes activités ou passe-temps que vous avez toujours voulu explorer. Cela vous aidera à vous reconnecter avec vous-même et à découvrir de nouvelles passions.

5. Établissez des Limites : Apprenez à définir des limites saines avec les personnes de votre vie. Cela vous permettra de protéger votre espace émotionnel et physique, en priorisant votre bien-être.

6. Connectez-vous à la Nature : Passez du temps en plein air. La nature a un moyen spécial de nous aider à nous reconnecter avec nous-mêmes et à réfléchir à notre place dans le monde.

7. Lisez et Formez-vous : Il existe de nombreux livres et ressources disponibles pour vous aider dans votre parcours d'autodécouverte. Recherchez-les et plongez-vous dans les lectures qui résonnent avec vous.

8. Écrivez une Lettre à Votre Jeune Soi : Écrire une lettre à votre enfance ou à votre adolescent intérieur peut être un exercice puissant de réflexion et de guérison. Exprimez votre soutien, votre amour et votre compréhension pour ce que vous avez traversé.

9. Entourez-vous de Personnes Positives : Créez un environnement social composé de personnes qui vous soutiennent, vous comprennent et vous encouragent dans votre parcours d'autodécouverte.

10. Faites la Paix avec le Passé : Pardonner ne signifie pas oublier ni justifier un comportement nuisible, mais plutôt se libérer du poids des anciennes blessures.

11. Planifiez et Rêvez : Réfléchissez à ce que vous souhaitez pour votre avenir et définissez des objectifs pour y parvenir. Cela peut inclure des voyages, une carrière, des relations ou simplement des expériences personnelles que vous voulez vivre.

La redécouverte de soi est un voyage qui demande du temps, de la patience et de l'engagement. Cela peut nécessiter de faire face à de vieilles blessures et à des défis, mais la récompense est une connexion plus profonde et authentique avec soi-même, ses passions et le monde qui nous entoure. À travers ce parcours, les individus peuvent trouver un sens du but, de la joie et de l'accomplissement qu'ils n'ont peut-être jamais su qu'ils possédaient.

12. Méditation et Pleine Conscience : Pratiquer la méditation et la pleine conscience peut aider à établir une connexion plus profonde avec le moment présent, facilitant l'accès à vos pensées et sentiments intérieurs. Ces pratiques peuvent également vous aider à vous détacher des anciennes habitudes et des réponses émotionnelles conditionnées, créant de l'espace pour de nouvelles perceptions et compréhensions.

13. Voyage et Exploration : Se rendre dans des endroits nouveaux ou inconnus peut offrir de nouvelles perspectives. Ces voyages ne doivent pas nécessairement être dans des endroits lointains ; même explorer un nouveau parc ou quartier dans votre propre ville peut fournir de nouvelles idées.

14. Participation à des Ateliers ou Retraites : Il existe de nombreuses expériences structurées, telles que des ateliers ou des retraites, conçues spécifiquement pour aider les individus à renouer avec eux-mêmes. Cela peut aller des retraites de yoga aux séminaires de développement personnel.

15. Pratiques Artistiques et Créatives : S'exprimer à travers l'art - que ce soit la peinture, l'écriture, la danse ou la musique - peut être un puissant outil d'autodécouverte. La créativité peut aider à canaliser les émotions refoulées, en leur donnant une forme et une expression.

16. Gardez une Trace de Vos Rêves : Les rêves peuvent offrir des aperçus profonds de votre subconscient. Tenir un journal de rêves peut vous aider à repérer des thèmes ou des messages récurrents qui pourraient vous donner des indices sur votre vrai moi.

17. Exercice Physique : Faire de l'exercice, comme le yoga, le tai-chi ou simplement marcher, peut vous aider à renouer avec vous-même sur un plan physique, renforçant la connexion esprit-corps.

18. Alimentation Consciente : Faites attention à ce que vous mettez dans votre corps et à la façon dont cela vous fait sentir. Manger des aliments sains et équilibrés peut influencer non seulement votre santé physique, mais aussi votre clarté mentale et émotionnelle.

19. Recherche Spirituelle : Que vous suiviez une religion, une philosophie ou un chemin spirituel personnel, explorer les questions de l'âme et de l'esprit peut offrir de profonds aperçus sur votre vrai moi.

20. Bénévolat : Aider les autres peut offrir une nouvelle perspective sur vous-même et sur le monde qui vous entoure. Le bénévolat vous met en contact avec des personnes de milieux différents, vous exposant à de nouvelles expériences et vous aidant à évaluer et à réfléchir sur votre place dans le monde.

21. Établissez des Traditions ou des Rituels Personnels : Créer des moments spéciaux dans votre routine, comme lire pendant une heure chaque matin, faire une promenade le soir ou avoir un rituel de gratitude, peut vous aider à renouer avec vous-même de manière significative et consciente.

Il est important de se rappeler que la redécouverte de soi est un voyage continu et non une destination finale. La vie évolue constamment, et de la même manière, notre compréhension et notre connexion avec nous-mêmes peuvent changer et s'approfondir avec le temps. À travers cette exploration continue, non seulement nous pouvons en apprendre davantage sur qui nous sommes vraiment, mais nous pouvons également créer une vie plus riche et plus épanouissante.

22. Thérapie et Conseil : De nombreux adultes qui ont grandi avec des parents émotionnellement immatures peuvent bénéficier d'un soutien professionnel pour naviguer à travers leurs sentiments et leurs perceptions. Un thérapeute ou un conseiller peut offrir une perspective extérieure et des outils pour traiter les traumatismes et l'anxiété passés, et pour aider à établir de nouveaux modèles de comportement.

23. Groupes de Soutien : Il existe de nombreux groupes de soutien qui se concentrent sur l'aide aux personnes issues de familles dysfonctionnelles. Ces groupes offrent un environnement sûr pour partager des expériences, acquérir une compréhension et construire des relations saines.

24. Lecture et Formation : Il existe de nombreuses ressources littéraires qui peuvent fournir des informations et des compréhensions sur les dynamiques familiales toxiques et comment les surmonter. Lire des histoires d'autres personnes qui ont vécu des expériences similaires peut offrir à la fois du réconfort et de l'inspiration.

25. Journalisme : Écrire régulièrement dans
un journal peut être une forme puissante d'auto-
réflexion. Mettre par écrit ses pensées, ses
sentiments et ses préoccupations peut aider à
traiter les émotions et à identifier des schémas ou
des thèmes dans sa vie.

26. Techniques de Relaxation : Des
techniques telles que la respiration profonde, la
visualisation guidée ou la méditation progressive
peuvent aider à réduire le stress et à renouer avec
son propre corps et son esprit.

27. Formation à l'Affirmation de Soi :
Apprendre à communiquer de manière assertive
plutôt que passive ou agressive peut aider à
établir des limites saines dans les relations et à
exprimer ses besoins et ses désirs de manière
constructive.

28. Se Tenir Informé : Rester informé sur les
recherches et les études concernant le
développement personnel, la psychologie et les
dynamiques familiales peut offrir de nouvelles
perspectives et des méthodes pour renouer avec
soi-même.

**29. Cultiver la Bienveillance envers Soi-
Même :** De nombreuses personnes ayant grandi
dans des environnements émotionnellement
immatures ont tendance à être dures envers
elles-mêmes. Apprendre à se traiter avec

gentillesse et compassion peut être fondamental dans le processus de redécouverte de soi.

30. Établir de Nouvelles Habitudes : Briser de vieilles habitudes et établir de nouvelles routines peut aider à construire un sentiment de stabilité et à renouer avec ses passions et ses désirs.

31. Exposition à de Nouvelles Expériences : Essayer de nouvelles activités ou passe-temps peut aider à découvrir de nouveaux centres d'intérêt et passions, permettant de renouer avec des parties de soi qui auraient pu être étouffées ou négligées.

La redécouverte de soi n'est pas un processus linéaire. Il y a des hauts et des bas, et il peut y avoir des moments d'incertitude ou de confusion. Cependant, chaque pas en avant, aussi petit soit-il, est un pas vers une meilleure compréhension et acceptation de soi-même.

La redécouverte de soi est un voyage entrepris par de nombreuses personnes ayant vécu une enfance ou une adolescence difficile, en particulier en présence de parents émotionnellement immatures. Ce parcours, bien qu'il comporte des défis, est également une puissante opportunité pour renforcer son identité, affiner sa vision du monde et construire une vie plus authentique et épanouissante.

Méthodes d'introspection : L'un des aspects les plus importants de la redécouverte de soi est l'introspection. Par le biais de la méditation, de la réflexion personnelle et du journal intime, les individus peuvent explorer en profondeur leurs expériences passées, analyser les schémas de comportement et identifier les domaines de croissance.

Impact des relations : Les relations jouent un rôle crucial dans la redécouverte de soi. Qu'il s'agisse d'amis de soutien, de thérapeutes ou de mentors, les personnes qui nous entourent peuvent refléter, défier et soutenir notre croissance personnelle. De plus, établir des limites saines dans les relations est essentiel pour protéger et nourrir sa croissance.

La puissance de la vulnérabilité : Accepter et embrasser sa propre vulnérabilité peut conduire à une plus grande authenticité. En acceptant ses peurs, ses insécurités et ses cicatrices, les individus peuvent établir des connexions plus profondes avec les autres et avec eux-mêmes.

Rétablir les passions perdues : De nombreux adultes qui ont grandi avec des parents émotionnellement immatures ont peut-être réprimé leurs passions pour s'adapter ou se protéger. Redécouvrir ces passions - qu'il s'agisse d'art, de sport, d'écriture ou autre chose - peut raviver la joie et la curiosité dans la vie d'une personne.

Le chemin vers l'acceptation de soi : La redécouverte de soi ne se limite pas seulement à comprendre qui l'on est, mais aussi à s'accepter pleinement, y compris ses défauts et ses imperfections. L'auto-acceptation peut conduire à une plus grande paix intérieure et à une capacité à faire face aux défis avec résilience et grâce.

En conclusion, la redécouverte de soi à la suite d'une enfance avec des parents émotionnellement immatures n'est pas seulement un moyen de guérir les blessures du passé, mais aussi un moyen de créer un avenir lumineux et authentique. Bien que le voyage puisse être difficile, il est également riche en découvertes, en croissance et en transformation. Avec le bon soutien, les bonnes ressources et la détermination, les individus peuvent naviguer avec succès sur ce chemin, se reconnectant avec leur vrai moi et construisant une vie significative et satisfaisante.

9. **Établir des Limites :** Offrir des outils et des stratégies pour établir des limites saines avec des parents émotionnellement immatures.

Établir des Limites avec des Parents Émotionnellement Immatures

La capacité à établir des limites saines est essentielle pour quiconque souhaite construire des relations équilibrées et respectueuses. Pour ceux qui ont grandi avec des parents émotionnellement immatures, cela pourrait être encore plus critique, car ils n'ont peut-être jamais appris comment ou pourquoi de telles limites sont nécessaires. Voici un aperçu détaillé des stratégies et des outils pour établir ces limites :

1. **Reconnaître la Nécessité des Limites :** Tout d'abord, il est essentiel de reconnaître et d'accepter votre propre besoin d'avoir des limites. Cela peut nécessiter un peu d'introspection et de réflexion, en particulier si vous avez grandi dans un environnement où vos besoins et vos désirs étaient souvent négligés ou ignorés.

2. **Définir clairement vos propres limites :** Comprenez ce qui vous met mal à l'aise, stressé ou vulnérable. Que ce soit en termes de sujets de conversation, de comportements physiques ou

d'attentes concernant le temps passé ensemble, il est essentiel d'avoir une compréhension claire de ce qui est acceptable pour vous.

3. **Communication assertive :** La clé pour établir des limites efficaces est de les communiquer clairement et de manière assertive. Cela signifie exprimer vos besoins et vos désirs sans être agressif ni passif. La communication assertive est directe mais respectueuse.

4. **Utilisez le "Je" au lieu du "Tu" :** Lorsque vous exprimez vos préoccupations ou établissez une limite, utilisez des phrases comme "Je me sens..." ou "J'ai besoin..." au lieu de pointer du doigt en disant "Tu fais toujours...". Cela réduit la probabilité que l'autre personne se sente attaquée.

5. **Soyez cohérent :** Une fois que des limites sont établies, il est essentiel d'être cohérent dans leur application. Si vous cédez à chaque fois qu'elles sont mises à l'épreuve, votre détermination pourrait être prise moins au sérieux à l'avenir.

6. **Préparez des conséquences :** Si vos limites sont régulièrement ignorées, il peut être nécessaire d'appliquer des conséquences. Cela pourrait signifier limiter le temps passé avec la personne ou faire des pauses dans la relation jusqu'à ce que vos limites soient respectées.

7. **Travail intérieur :** Parfois, la difficulté à établir des limites peut découler d'insécurités

personnelles ou de traumatismes passés.
Travailler avec un thérapeute ou un conseiller
peut vous aider à renforcer votre estime de vous
et à développer la résilience nécessaire pour
maintenir des limites saines.

8. **Entourez-vous de soutien :** Parlez à des amis
   de confiance, à des membres de votre famille ou à
   des thérapeutes de vos limites et de vos
   expériences. Avoir quelqu'un qui vous soutient
   peut offrir une perspective extérieure et renforcer
   votre détermination.

9. **Pratiquez l'auto-soin :** Établir des limites peut
   être émotionnellement exigeant, surtout si elles
   ne sont pas respectées. Assurez-vous de prendre
   du temps pour vous détendre, réfléchir et vous
   ressourcer.

Conclusione :

Établir des limites avec des parents
émotionnellement immatures peut être un défi,
car ils pourraient ne pas reconnaître ou respecter
ces limites comme le feraient d'autres personnes
dans votre vie. Cependant, avec détermination,
clarté et soutien, il est possible de créer des
espaces d'interaction sains qui protègent votre
bien-être émotionnel et physique. Bien que cela
puisse prendre du temps et de la patience, et que
vous deviez peut-être réaffirmer vos limites à
plusieurs reprises, cet effort peut finalement
conduire à des relations plus saines et

respectueuses, vous permettant de vivre une vie plus authentique et satisfaisante.

Autres Considérations sur les Limites avec des Parents Émotionnellement Immatures :

Mettre en place des limites saines avec des parents émotionnellement immatures est un voyage qui peut souvent conduire à de profondes réalisations personnelles et à la transformation des dynamiques relationnelles. Comprendre ce que cela implique peut aider dans la transition :

- **Affronter la Culpa :** L'une des principales barrières à la création de limites est le sentiment de culpabilité. Il peut y avoir une inquiétude selon laquelle établir des limites pourrait blesser les sentiments des parents ou créer des tensions supplémentaires. Il est important de se rappeler que protéger votre bien-être n'est pas un acte d'égoïsme, mais plutôt une nécessité pour garantir des relations saines.

- **La Nature Dynamique des Limites :** Les limites ne sont pas toujours rigides ou fixes. Elles peuvent évoluer avec le temps en fonction de vos besoins et de vos circonstances. Ce qui était une limite essentielle à un moment donné pourrait ne pas l'être à un autre moment, et vice versa.

- **Réponse des Parents :** Il est possible que les parents émotionnellement immatures réagissent de manière négative lorsque vous essayez d'établir des limites. Ils pourraient minimiser, ridiculiser ou même manipuler pour éviter la responsabilité. En ces moments-là, il est essentiel de rester ferme et de se rappeler pourquoi ces limites sont nécessaires.

- **Utilisation de la Thérapie :** La thérapie peut être une excellente ressource pour ceux qui cherchent à établir des limites avec des parents difficiles. Un thérapeute peut offrir des stratégies, un soutien et un environnement sûr pour explorer vos préoccupations et vos sentiments.

- **Soutien par un Réseau de Soutien :** Avoir des amis ou d'autres membres de la famille qui comprennent et soutiennent le désir d'établir des limites peut faire une grande différence. Ces alliés peuvent offrir du réconfort, des conseils et parfois une perspective extérieure utile.

Les Bénéfices de la Détachement Émotionnel : Dans certains cas, il peut être bénéfique de pratiquer un certain degré de détachement émotionnel. Cela ne signifie pas ne pas aimer ou se soucier de ses propres parents, mais plutôt se protéger contre d'éventuels dommages émotionnels.

L'Auto-Compassion : Pendant ce processus, il est fondamental de pratiquer l'auto-compassion. Établir des limites, en particulier avec des figures parentales, peut entraîner des moments de doute et de conflit intérieur. Se traiter avec gentillesse et compréhension peut aider à naviguer dans ces moments difficiles.

Reconsidérer le Passé : Avec l'établissement de limites, de vieux souvenirs ou des traumatismes peuvent refaire surface. Cela peut être une opportunité pour réinterpréter les événements passés à la lumière de la nouvelle compréhension et de la croissance.

La Patience est la Clé : Comme beaucoup d'autres choses dans la vie, établir des limites est un processus. Il y aura des hauts et des bas, des succès et des défis. Il est important de se rappeler d'être patient avec soi-même et avec le processus. Dans la tentative d'établir des limites avec des parents émotionnellement immatures, on peut traverser une myriade d'émotions, de l'espoir et de l'optimisme à la frustration et à la déception. Cependant, avec engagement et soutien, il est possible de trouver un équilibre qui protège le bien-être personnel et offre l'espace pour des relations plus saines.

Attentes envers les Parents Émotionnellement Immatures : Lorsque l'on aborde la question des limites, il est essentiel d'évaluer et éventuellement de réduire ses propres attentes envers les parents émotionnellement immatures. Ces parents peuvent avoir du mal à comprendre ou à respecter les besoins et les sentiments des autres, ce qui rend la négociation des limites potentiellement difficile.

Identifier ses Propres Besoins : Avant d'établir des limites, il est essentiel de reconnaître et d'identifier ses propres besoins. Posez-vous la question : "Que veux-je ou de quoi ai-je besoin de cette relation ?". Cette réflexion peut vous aider à définir clairement les limites que vous souhaitez mettre en place.

Communication Claire et Directe : La clarté dans la communication est essentielle lors de l'établissement des limites. Cela ne signifie pas nécessairement que les parents émotionnellement immatures comprendront ou accepteront ce qui est communiqué, mais cela offre la meilleure opportunité d'être entendu. Utiliser un langage axé sur le "Je" (par exemple, "Je me sens étouffé lorsque tu m'appelles cinq fois par jour") peut réduire les chances de mettre les parents sur la défensive.

Renforcer les Limites : Une fois les limites établies, il peut être nécessaire de les renforcer de manière répétée. Cela peut être particulièrement vrai si les parents ont l'habitude de les outrepasser ou s'ils ne sont pas habitués à les respecter. Être cohérent dans le renforcement peut aider à établir de nouvelles dynamiques dans la relation.

Auto-Examen : Tout en travaillant pour établir des limites, il peut être utile d'examiner ses propres réactions émotionnelles aux comportements des parents. Cet auto-examen peut offrir des idées sur les raisons sous-jacentes de ses réactions et aider à formuler des stratégies plus efficaces pour établir et maintenir des limites.

Éviter les Pièges : Il est courant pour ceux qui établissent des limites de se sentir égoïstes ou méchants. Cependant, il est essentiel de reconnaître que l'établissement des limites est un acte de respect de soi et de préservation de soi. C'est un droit fondamental de décider comment on souhaite être traité.

Technologies et Limites : À l'ère numérique, les limites ne se limitent pas aux interactions en face à face. Établir des limites en ligne, comme décider quand et comment répondre aux messages ou aux appels, peut être tout aussi crucial. Ces limites numériques peuvent souvent être plus facilement contrôlées grâce à des moyens technologiques tels que les paramètres de ne pas déranger, les filtres et les blocages.

Limites et Culture : Dans certaines cultures, l'idée d'établir des limites avec les parents peut être considérée comme irrespectueuse ou incompréhensible. Il est essentiel de reconnaître l'influence de la culture sur l'approche des limites et de chercher des moyens d'honorer son propre patrimoine culturel tout en protégeant son bien-être.

Flexibilité : Bien que la cohérence soit essentielle, parfois, il peut être bénéfique de montrer une certaine flexibilité dans les limites. Cette flexibilité peut être particulièrement importante dans les situations où la santé mentale ou physique des parents est en jeu ou lorsque des circonstances familiales particulières se présentent.

Dans le processus d'établissement des limites avec des parents émotionnellement immatures, la clé est de trouver un équilibre entre le respect de soi et le maintien d'une relation, aussi complexe soit-elle.

Respect Versus Protection : Dans le contexte des relations familiales, il y a une fine ligne entre le respect de ses propres parents et la protection de soi-même. Grandir avec des parents émotionnellement immatures peut avoir conduit à une habitude de mettre de côté ses propres besoins au profit de ceux des parents. Cependant, en tant qu'adultes, il est essentiel de reconnaître sa propre autonomie et son droit à la protection de son espace émotionnel.

L'Importance de la Thérapie : De nombreuses personnes qui cherchent à établir des limites avec des parents difficiles peuvent trouver un grand soutien dans la thérapie. Un thérapeute peut offrir des stratégies pour communiquer efficacement ses propres besoins et pour gérer les conflits éventuels qui surgissent dans le processus. De plus, la thérapie peut aider à dénouer les traumatismes passés et fournir un cadre pour la guérison.

Recherche de Soutien Externe : En dehors de la thérapie, il est précieux de rechercher du soutien auprès d'amis de confiance, de partenaires ou de groupes de soutien. Ces alliés peuvent offrir une perspective extérieure, des encouragements et des conseils basés sur leurs propres expériences.

L'Art du Détachement : Parfois, malgré les meilleurs efforts, les parents émotionnellement immatures peuvent continuer à violer les limites établies. Dans ces cas, l'art du détachement peut devenir un outil crucial. Cela ne signifie pas nécessairement couper tout contact, mais plutôt apprendre à interagir sans s'impliquer émotionnellement dans des dynamiques toxiques.

Écoute Active : Lors de l'établissement des limites, il est également important de s'exercer à l'écoute active. Cela signifie vraiment écouter ce que le parent a à dire, même si l'on n'est pas d'accord. Cette approche peut aider à réduire les malentendus et à construire une communication plus efficace.

Validation de ses Propres Sentiments : Un défi courant pour ceux qui cherchent à établir des limites avec des parents émotionnellement immatures est la tendance à douter de ses propres sentiments ou besoins. Il est important de se rappeler que ses propres sentiments sont valides, quel que soit la réaction des parents.

Prendre Soin de Soi : Établir des limites peut être un processus émotionnellement exigeant. Par conséquent, pratiquer l'auto-soin devient essentiel. Cela pourrait signifier prendre du temps pour soi, s'immerger dans des passe-temps ou des activités que l'on aime, méditer ou toute autre pratique qui aide à rétablir l'équilibre et la paix intérieure.

Reconnaissance de ses Propres Limitations : Dans le processus d'établissement des limites, il est important de reconnaître que l'on n'a pas le contrôle sur les réactions ou les comportements des parents. Ce que l'on peut contrôler, c'est sa réaction et le choix d'établir et de maintenir les limites. Accepter cette réalité peut aider à réduire la frustration et la déception.

Réflexion sur sa Propre Croissance : Enfin, tout en faisant face aux défis qui se présentent lors de l'établissement de limites avec des parents émotionnellement immatures, il peut être utile de réfléchir à quel point on a grandi en tant qu'individu. Chaque étape, chaque conversation et chaque limite établie sont des signes de croissance personnelle et de résilience.

Conclusion sur l'Établissement des Limites : Établir des limites avec des parents émotionnellement immatures est un voyage complexe qui incarne à la fois le défi de faire face aux douleurs du passé et la promesse de construire un avenir plus sain. Lorsqu'une personne décide d'emprunter ce chemin, elle essaie de réécrire un script d'interaction qui pourrait avoir été en place depuis des décennies. Dans la vie, les limites sont essentielles non seulement en tant que mécanisme de défense, mais aussi en tant qu'affirmation de l'estime de soi et de la conscience de soi. Dans le contexte de parents qui n'ont peut-être jamais montré une considération adéquate pour les besoins émotionnels de leur enfant, affirmer ces limites peut sembler une rébellion. Cependant, au cœur de cette "rébellion", il y a un désir profond

d'authenticité, de respect et de reconnaissance
mutuelle.

Le chemin pour établir ces limites n'est pas
linéaire. Beaucoup peuvent se retrouver à
négocier, à adapter ou même à compromettre ces
limites en fonction des circonstances. Ces
variations ne sont pas des signes de faiblesse ; au
contraire, elles témoignent de la complexité des
relations humaines et de l'évolution continue de
notre relation avec nous-mêmes et avec les
autres.

Un défi considérable dans la création de limites
est le potentiel sentiment de culpabilité ou
d'obligation que beaucoup peuvent ressentir
envers leurs parents, quel que soit leur passé. La
culture, la tradition et les normes sociales
peuvent souvent exacerber ces sentiments en
imposant des attentes quant au "devoir" d'un
enfant envers ses parents. Mais il est essentiel de
reconnaître que le premier devoir d'un individu
est envers lui-même et son bien-être.

Avec le temps, et souvent avec le soutien d'une
thérapie ou d'un conseil, une personne peut finir
par voir ces limites non pas comme des barrières,
mais comme des ponts vers un type de relation
plus saine et équilibrée. En fin de compte, établir
des limites n'est pas un acte de séparation, mais
une aspiration à la clarté, à la compréhension et à
l'harmonie. Grâce à ce processus, on réaffirme

son identité, on valorise sa propre valeur intrinsèque et on construit une base solide pour des relations futures basées sur le respect mutuel et les soins authentiques.

10. Gestion de la Colère et du Resentiment : Fournir des techniques pour gérer et traiter ces sentiments de manière saine.

Gestion de la Colère et du Resentiment : La colère et le ressentiment sont des réactions émotionnelles naturelles qui peuvent surgir lorsque l'on réfléchit au passé, notamment en présence de parents émotionnellement immatures. Ces sentiments, s'ils ne sont pas traités de manière adéquate, peuvent entraîner un cycle de négativité, ayant un impact négatif sur le bien-être général et les relations interpersonnelles.

1. **Reconnaissance des Sentiments :** Le premier pas dans la gestion de la colère et du ressentiment est de les reconnaître. Ignorer ou réprimer ces sentiments peut conduire à l'accumulation d'émotions négatives qui peuvent exploser de manière inattendue. Accepter qu'il est normal de se sentir en colère ou plein de ressentiment permet de commencer le processus de traitement.

2. **Expression Saine de la Colère :** Exprimer la colère de manière saine peut prévenir l'accumulation de tensions. Cela peut inclure des techniques telles que la rédaction d'un journal, la pratique du sport ou des arts martiaux, ou parler avec un ami de confiance ou un thérapeute.

3. **Techniques de Relaxation :** Des pratiques comme la méditation, le yoga et la respiration profonde peuvent aider à apaiser l'esprit et à réduire la colère. Ces techniques aident à porter l'attention sur le moment présent, détournant l'attention des pensées négatives.

4. **Thérapie et Conseil :** Parler à un thérapeute ou un conseiller peut offrir une perspective externe et des outils spécifiques pour gérer et traiter la colère et le ressentiment. Ce type de soutien peut aider à mieux comprendre les racines des sentiments et à trouver des moyens efficaces de les aborder.

5. **Réévaluer les Attentes :** Souvent, la colère et le ressentiment peuvent découler d'attentes non réalisées. Réévaluer ces attentes et accepter que tout le monde, y compris les parents, est humain et a des limites, peut aider à se débarrasser du poids des attentes irréalistes.

6. **Le Pardon comme Libération :** Le pardon ne signifie pas oublier ou justifier un comportement préjudiciable. C'est plutôt un acte de libération personnelle du poids de la colère et du

ressentiment. Le pardon peut prendre du temps et peut ne pas être approprié dans toutes les situations, mais il peut offrir un profond sentiment de paix et de libération.

7. **Limite de l'Exposition :** Si interagir avec des parents émotionnellement immatures continue de susciter des sentiments de colère ou de ressentiment, il peut être utile de limiter l'exposition à ces interactions. Établir des limites saines peut aider dans ce processus.

Conclusion : Gérer la colère et le ressentiment est un chemin qui demande de l'engagement, de la conscience et souvent un soutien externe. Il est essentiel de se rappeler que ces sentiments sont valables et méritent d'être traités avec soin et considération. Grâce à la conscience de soi, à la réflexion et à la pratique, il est possible de trouver des moyens de traiter ces émotions de manière saine, créant un espace pour la guérison, la croissance et des relations plus saines à l'avenir.

Gestion de la Colère et du Resentiment : Certains pourraient soutenir que la colère et le ressentiment, s'ils sont correctement gérés, peuvent en réalité fournir des informations précieuses. Ces sentiments pourraient signaler où des blessures ont été infligées et où une croissance ou une compréhension supplémentaire pourrait être nécessaire. Ils peuvent également servir de catalyseurs pour le changement et l'autotranscendance.

Méthodes Créatives pour Traiter la Colère : L'art comme exutoire : Peindre, dessiner ou modeler peut aider à transférer des émotions intenses sur une toile ou un morceau d'argile. Transformer l'énergie de la colère en une œuvre d'art peut être un moyen efficace de voir sa propre colère sous un nouvel angle et de la traiter. Musique et colère : Écouter, écrire ou jouer de la musique peut être un autre moyen d'exprimer et de traiter la colère. La musique a le pouvoir d'atteindre les parties les plus profondes de l'âme et de résonner avec nos émotions les plus intérieures. **Reconsidérer Notre Histoire :** Réécriture narrative : Reconsidérer les événements passés et réécrire sa propre histoire peut être un moyen puissant de reconfigurer la signification de certaines expériences. Cela ne signifie pas nier ou minimiser le traumatisme, mais plutôt chercher une nouvelle signification ou une nouvelle perspective sur les événements. **Techniques de Réflexion Introspective :** Méditation Metta (d'amour et de bienveillance) : Cette forme de méditation vise à cultiver des sentiments d'amour et de compassion pour soi et pour les autres. Elle peut aider à neutraliser le ressentiment et la colère, les remplaçant par la compréhension et l'empathie. Journalisme : Tenir un journal de ses émotions peut offrir des informations sur ce qui déclenche la colère. Écrire peut également aider à libérer ces émotions de manière constructive. **Techniques Cognitives :** Distorsions cognitives : Reconnaître et remettre en question les distorsions cognitives peut aider à voir les situations d'un point de vue plus objectif. Par exemple, reconnaître quand on généralise une situation ou quand on prend les choses trop personnellement peut aider à réduire la colère.

Affronter les Attentes Irréalistes : Reconnaître quand on attend trop de soi-même ou des autres et réguler ces attentes peut aider à réduire la frustration et la colère.

Communication Non Violente : Cette technique se concentre sur la compréhension et l'expression de ses propres besoins de manière constructive, sans attaquer ni blâmer les autres.

Pratiquer la Gratitude : Même au milieu de la colère, trouver des moments ou des aspects de la vie pour lesquels on est reconnaissant peut aider à équilibrer les émotions négatives et offrir une perspective plus équilibrée.

En substance, reconnaître et accepter la colère et le ressentiment comme faisant partie du répertoire émotionnel humain est la première étape. Cependant, il est tout aussi crucial de trouver des méthodes saines et constructives pour exprimer et traiter ces sentiments, évitant ainsi qu'ils ne prennent le dessus et n'affectent négativement notre vie quotidienne.

Gestion de la Colère et du Resentiment : La colère et le ressentiment, en particulier lorsqu'ils sont liés à des traumatismes ou à des expériences infantiles, sont des émotions complexes et puissantes qui peuvent profondément influencer notre psyché et nos relations. Grandir dans un environnement avec des parents émotionnellement immatures peut signifier que ces émotions ont souvent été refoulées, méconnues ou traitées de manière non saine.

L'Impact Physique de la Colère et du Resentiment : Notre corps réagit physiquement à ces sentiments. Il peut augmenter la fréquence cardiaque, la pression artérielle et les niveaux d'adrénaline. À long terme, s'ils ne sont pas correctement gérés, ces états peuvent entraîner des problèmes de santé tels que les maladies cardiaques, les problèmes du système immunitaire et l'insomnie.

Se Connecter à Ses Propres Émotions : Avant de pouvoir gérer efficacement la colère, il est important de la reconnaître. Cela pourrait nécessiter une plongée profonde dans les émotions et une réflexion sur ce que l'on ressent réellement. Les pratiques de pleine conscience, comme la méditation, peuvent aider à devenir plus conscient de ses réactions émotionnelles.

Les Effets des Expériences Passées : Les personnes ayant grandi avec des parents émotionnellement immatures ont peut-être développé un sentiment de colère refoulée en raison des besoins négligés ou des limites violées pendant l'enfance. Cette colère refoulée peut se manifester de différentes manières, comme des comportements passifs-agressifs, une colère explosive ou de l'autodestruction.

Techniques de Respiration et d'Ancrage : Lorsqu'on ressent de la colère, revenir au moment présent peut aider à la gérer. Des techniques telles que la respiration profonde ou les exercices d'ancrage, tels que se concentrer sur ses sens ou tenir un objet, peuvent aider à ramener l'esprit au moment présent et à le détourner de la source de la colère.

Recherche de Soutien Externe : Parfois, faire face à la colère et au ressentiment, en particulier s'ils sont enracinés dans de profonds traumatismes, peut nécessiter l'aide d'un professionnel. Un thérapeute ou un conseiller peut offrir des outils et des techniques spécifiques pour traiter ces émotions et trouver des voies de guérison.

Faire Face aux Déclencheurs de la Colère :
Identifier ce qui déclenche la colère peut être une étape cruciale dans sa gestion. Une fois ces déclencheurs identifiés, il est possible de travailler à éviter de telles situations ou à développer des stratégies pour les aborder de manière plus saine.

Apprendre à Répondre, Pas à Réagir : Un concept clé dans la gestion de la colère est la capacité de répondre plutôt que de réagir impulsivement. Cela signifie prendre un moment pour réfléchir à la situation et décider consciemment comment agir, plutôt que de laisser la réaction automatique prendre le dessus. La colère et le ressentiment sont des émotions naturelles, mais la clé est d'apprendre à les gérer de manière à ce qu'elles ne dominent pas notre vie ou nos relations. Grâce à la conscience, à la compréhension et à l'adoption de stratégies efficaces, il est possible de vivre une vie plus équilibrée et paisible.

Conclusion sur la Gestion de la Colère et du Resentiment : La gestion de la colère et du ressentiment n'est pas seulement une question de contrôle immédiat des émotions ; c'est un voyage profond d'auto-compréhension, d'acceptation et de transformation. Ces sentiments, lorsqu'ils sont enracinés dans des expériences d'enfance avec des parents émotionnellement immatures, apportent avec eux des couches complexes de douleur, de déception et d'attentes non réalisées.

À l'âge adulte, ces émotions peuvent se manifester de nombreuses façons : par des problèmes de relation, des difficultés dans les interactions sociales, des problèmes au travail, voire des problèmes de santé. Ce qui commence souvent comme une réaction liée à l'enfance peut facilement devenir un modèle comportemental enraciné qui influence tous les aspects de la vie. Les adultes qui vivent de tels sentiments ont souvent du mal à les identifier comme liés à leurs expériences passées. Ils peuvent percevoir leur colère comme une réaction à des circonstances actuelles, ignorant la profondeur historique de ces émotions. La capacité de se connecter à ces racines peut offrir de la lumière et de la compréhension, fournissant une base pour une gestion et une guérison plus efficaces.

Il est également important de reconnaître que chaque individu aura sa propre réaction et relation uniques avec la colère et le ressentiment. Alors que certains peuvent manifester ces sentiments extérieurement, d'autres peuvent les refouler, entraînant des problèmes internes tels que l'anxiété ou la dépression.

La clé pour gérer efficacement ces sentiments réside dans une combinaison d'introspection, d'outils pratiques et, dans de nombreux cas, de soutien externe. La thérapie peut fournir un environnement sûr pour explorer ces émotions, tandis que des techniques telles que la méditation et la pleine conscience peuvent offrir des outils quotidiens pour gérer et modérer les réactions.

Enfin, il est essentiel de se rappeler que, bien que la colère et le ressentiment soient souvent perçus négativement, ils sont également des indications de notre besoin intérieur de reconnaissance, de compréhension et de changement. Avec le bon soutien et les bons outils, ces émotions peuvent devenir des catalyseurs pour une croissance personnelle profonde et une transformation.

11. Reconstruction des Relations avec des Parents Émotionnellement Immatures :

Commencer le processus de reconstruction ou de renégociation des relations avec des parents émotionnellement immatures peut être l'une des tâches les plus exigeantes mais aussi les plus gratifiantes. Cela demande une profonde introspection, une compréhension et parfois même la capacité de mettre de côté son propre ego pour le bien de la relation. Voici quelques lignes directrices pour naviguer sur ce chemin :

1. **Auto-compréhension et Préparation Émotionnelle :** Avant d'essayer de reconstruire une relation, il est essentiel d'avoir une compréhension claire de ses propres sentiments, attentes et limites. À travers la thérapie, la méditation ou d'autres formes d'introspection, il est possible de comprendre ses propres blessures et ce que l'on souhaite obtenir de la renégociation de la relation.

2. **Communication Efficace :** Parler à des parents émotionnellement immatures nécessite souvent un type de communication différent. L'utilisation de la communication non violente, qui met l'accent sur l'expression de ses propres sentiments et besoins sans attribuer de culpabilité, peut être particulièrement efficace.

3. **Établir des Limites Claires :** Décider à l'avance quelles sont vos limites et les communiquer clairement est fondamental. Cela peut inclure combien de temps vous êtes prêt à passer avec vos parents, quels sujets vous êtes prêt à discuter et comment vous souhaitez être traité.

4. **Lâcher Prise des Attentes :** Même si vous espérez que vos parents changent ou évoluent, s'accrocher rigidement à cette attente peut conduire à de nouvelles déceptions. Reconnaître

qu'ils peuvent ne pas changer et décider comment vous souhaitez gérer la relation en conséquence est crucial.

5. **Faire Appel à la Médiation ou à la Thérapie Familiale :** Dans certains cas, il peut être utile d'avoir un tiers impartial pour faciliter la communication et aider dans la renégociation de la relation.

6. **Auto-protection :** Alors que vous essayez de renégocier ou de reconstruire une relation, il est essentiel de veiller à protéger votre santé mentale et émotionnelle. Cela peut signifier limiter le temps passé avec vos parents, chercher un soutien extérieur ou prendre des pauses lorsque nécessaire.

7. **Pratique du Pardon :** Le pardon ne signifie pas nécessairement se réconcilier ou oublier. Cela peut simplement signifier relâcher le poids du ressentiment pour votre propre bien-être. Cela peut prendre du temps et peut ne pas venir immédiatement, mais cela peut être une étape cruciale dans le processus de guérison.

8. **Reconnaissance des Petites Victoires :** La reconstruction des relations est un processus, et il y aura des hauts et des bas. Célébrer les petits progrès peut aider à maintenir une perspective positive et à reconnaître la croissance personnelle qui se produit.

En conclusion, reconstruire ou renégocier une relation avec des parents émotionnellement immatures peut être un voyage long et sinueux. Cependant, avec la bonne préparation, les bons outils et le bon soutien, il est possible de trouver une nouvelle dynamique qui honore à la fois vos besoins et ceux de vos parents. Bien que chaque situation soit unique, une approche basée sur la compassion, la compréhension et la clarté peut offrir la meilleure opportunité pour une relation renouvelée et saine.

Reconstruire ou Renégocier une Relation avec des Parents Émotionnellement Immatures : Reconstruire ou renégocier une relation avec des parents émotionnellement immatures peut souvent sembler comme marcher sur un terrain instable. La dynamique familiale peut être enracinée dans des années, voire des décennies, de comportements et d'attentes. Voici d'autres réflexions et considérations sur le sujet :

Émotions Mixtes : Il est courant de ressentir une gamme d'émotions lorsqu'on interagit avec des parents émotionnellement immatures. Il peut y avoir de l'amour, mais aussi de la colère, de la tristesse, de la confusion et parfois de l'espoir. Reconnaître et accepter que l'on puisse aimer quelqu'un sans nécessairement aimer leur comportement est une étape fondamentale dans le processus.

Mémoire et Perception : Vos souvenirs d'enfance et les perceptions actuelles peuvent différer de celles de vos parents. Il peut y avoir une inexactitude dans leur perception d'événements passés ou dans vos attentes. Une compréhension de ces différences de perception peut aider dans la communication et la compréhension mutuelle.

L'Importance de l'Écoute Active : Lorsque vous approchez des parents émotionnellement immatures, l'écoute peut devenir un outil crucial. L'écoute active, c'est-à-dire se concentrer pleinement sur ce que l'autre personne dit, peut aider à mieux comprendre leur perspective et à construire des ponts de compréhension.

Authenticité versus Protection : Bien qu'il soit essentiel de rester authentique dans vos propres sentiments et besoins, il peut aussi être nécessaire de vous protéger contre d'autres dommages émotionnels. Cela peut signifier de ne pas partager chaque détail de vos sentiments ou expériences, surtout si vous pensez qu'ils pourraient être minimisés ou ridiculisés.

Reconstruction Graduelle : Reconstruire une relation ne signifie pas nécessairement revenir immédiatement à une intimité ou une ouverture complète. Cela peut commencer par de petits gestes ou des conversations, en construisant lentement la confiance au fil du temps.

La Difficulté de la Vulnérabilité : Être vulnérable, surtout avec ceux qui vous ont blessé par le passé, peut être extrêmement difficile. Cependant, la vulnérabilité peut également ouvrir la porte à une connexion plus profonde et plus significative. Évaluez soigneusement quand et comment montrer votre vulnérabilité, en vous assurant que cela se passe dans un environnement sûr et favorable.

Attentes Futures : Tout en travaillant à la reconstruction d'une relation, il peut également être utile d'imaginer comment vous aimeriez que la relation soit à l'avenir. Cela peut aider à guider les actions et les décisions pendant que vous naviguez dans le processus.

Reconnaître les défis qui peuvent surgir lorsque vous essayez de reconstruire une relation avec des parents émotionnellement immatures est essentiel. Chaque petit pas en avant, même s'il est petit, est un pas dans la bonne direction. Et même si le chemin peut être difficile, les récompenses d'une relation renouvelée et améliorée peuvent être inestimables.

Le Rôle de la Thérapie Familiale : La thérapie familiale peut offrir un espace neutre et professionnel où les parents et les enfants peuvent explorer les dynamiques relationnelles problématiques. Un thérapeute qualifié peut aider à faciliter les conversations, en offrant des idées et des outils pour améliorer la communication et résoudre les conflits.

Définition d'une Période de Pause : Il peut y avoir des moments où vous aurez besoin de faire une pause dans votre interaction avec vos parents pour protéger votre santé mentale et émotionnelle. Définir une période de "pause" peut donner à toutes les parties le temps de réfléchir et de récupérer.

Respect Mutuel : Même si vous pouvez être blessé par les comportements de vos parents, reconnaître et respecter leur individualité et leurs expériences de vie peut ouvrir la voie à une plus grande empathie des deux côtés. Cela ne signifie pas justifier les comportements toxiques, mais essayer de comprendre d'où ils viennent.

Établissement de Priorités Relationnelles : Identifiez quels aspects de la relation sont les plus importants pour vous. Vous pourriez décider que vous voulez d'abord travailler sur la confiance, la communication ou l'intimité. Avoir des priorités claires peut aider à guider le chemin de la reconstruction.

La Responsabilité de ses Propres Actions : Si vous vous trouvez dans une position où vous sentez que vous pouvez le faire, il peut être utile de prendre la responsabilité de vos propres actions ou paroles qui ont pu contribuer aux conflits. Cela peut envoyer un signal à vos parents que vous êtes sérieux au sujet de faire des changements positifs dans la relation.

Célébrer les Petits Succès : Reconstruire une relation prend du temps et de la patience. Chaque petit succès, comme une conversation productive ou un geste d'affection mutuelle, mérite d'être reconnu et célébré.

Reconnaître le Pouvoir du Pardon : Le pardon ne signifie pas oublier ou minimiser les blessures du passé. Il s'agit plutôt de se libérer du poids de ces souvenirs et émotions pour pouvoir avancer. Évaluez si vous êtes prêt à pardonner et ce que cela signifierait pour vous.

Création de Nouvelles Traditions : Une fois que la relation commence à se stabiliser, vous pourriez envisager de créer de nouvelles traditions avec vos parents. Cela peut aider à remplacer de vieux souvenirs douloureux par de nouveaux moments positifs.

La Flexibilité dans le Processus : Chaque relation est unique, et ce qui fonctionne pour une personne pourrait ne pas fonctionner pour une autre. Être flexible dans votre approche de la reconstruction de la relation et être prêt à essayer différentes stratégies peut être crucial.

Ressources Externes et Soutien :
N'underestimez pas le pouvoir du soutien externe. Les groupes de soutien, les livres, les séminaires et les cours peuvent offrir des outils précieux et des perspectives différentes pour naviguer dans ces eaux complexes.

La reconstruction des relations, en particulier celles avec des racines aussi profondes et complexes que celles entre parents et enfants, n'est pas une tâche légère. Il s'agit d'un voyage compliqué, rempli d'émotions allant de l'espoir à la déception, de la colère à l'acceptation. Mais la raison pour laquelle de nombreuses personnes choisissent d'emprunter ce chemin est la conviction intrinsèque qu'au-delà des blessures du passé, il existe une connexion authentique qui mérite d'être préservée et nourrie.

Le premier pas dans ce voyage de reconstruction est la compréhension. Comprendre que les actions et les comportements des parents émotionnellement immatures sont souvent le résultat de leurs propres blessures non résolues et de leurs conflits internes. Cette compréhension ne justifie pas leurs comportements toxiques, mais peut aider à encadrer la situation sous un jour différent, offrant une base d'empathie à partir de laquelle commencer.

Prendre la responsabilité de ses propres actions est essentiel, mais cela doit être équilibré avec l'attente que l'autre partie fasse de même. Sans réciprocité dans ce processus, la reconstruction pourrait ne pas être durable à long terme.

Chaque petit succès en cours de route doit être considéré comme un signe que le travail acharné porte ses fruits. Mais il est également essentiel de se préparer à d'éventuels revers. Les relations sont dynamiques et peuvent avoir des hauts et des bas.

Le pardon émerge comme l'un des aspects les plus difficiles mais aussi les plus libérateurs du processus. Pardonner ne signifie pas oublier, ni signifie accepter des comportements futurs similaires. Il s'agit plutôt de se libérer du fardeau de l'amertume et de faire de la place pour la guérison. Et tandis que le pardon est un cadeau que l'on se fait à soi-même, établir des limites saines garantit que l'on puisse avancer sans compromettre son propre bien-être.

La création de nouvelles traditions et la création de nouveaux souvenirs positifs peuvent transformer une relation tendue en une source de joie et de satisfaction. Cela ne supprime pas les défis du passé, mais il aide à les équilibrer avec des expériences positives, créant un avenir plus lumineux et plus équilibré pour les deux parties.

Enfin, on ne peut pas souligner assez l'importance du soutien externe. Que ce soit par la thérapie, les groupes de soutien ou simplement des amis de confiance, avoir un réseau de soutien peut faire la différence entre se sentir seul dans ce voyage et se sentir soutenu et compris.

En conclusion, reconstruire une relation avec des parents émotionnellement immatures est un voyage difficile mais potentiellement gratifiant. Cela demande du temps, de la patience, de la compréhension et surtout, l'engagement des deux parties dans le processus. Avec les bonnes ressources et la bonne mentalité, il est possible de trouver un terrain d'entente et de construire une connexion plus profonde et plus significative.

12. Soutien Thérapeutique : Promouvoir l'importance de la thérapie et comment elle peut aider dans la guérison.

Soutien Thérapeutique : La thérapie est un processus collaboratif entre un individu et un professionnel qualifié, visant à aborder et résoudre des problèmes émotionnels, psychologiques ou comportementaux. Pour ceux qui ont fait face à des défis liés à leur éducation par des parents émotionnellement immatures, le soutien thérapeutique peut offrir de nombreux avantages sur le chemin de la guérison.

1. **Environnement Sécurisé :** La thérapie offre un environnement sûr et confidentiel où l'individu peut librement exprimer ses

sentiments, ses peurs et ses préoccupations sans craindre d'être jugé ou mal compris.

2. **Compréhension Approfondie :** À travers la thérapie, les individus peuvent acquérir une compréhension plus profonde des racines de leurs problèmes. Avec l'aide d'un thérapeute, ils peuvent examiner les dynamiques familiales et identifier les modèles de comportement hérités.

3. **Outils et Stratégies :** Un thérapeute peut fournir des outils et des stratégies pour aborder des problèmes émotionnels ou comportementaux spécifiques. Cela peut inclure des techniques de gestion du stress, des moyens d'établir des limites saines ou des stratégies pour améliorer les compétences en communication.

4. **Validation :** Pour beaucoup de gens, se sentir vus et compris est un aspect fondamental de la guérison. Un thérapeute peut offrir une validation valable des expériences de l'individu, aidant à réaffirmer leur réalité.

5. **Processus de Guérison :** La thérapie n'offre pas de solutions rapides, mais peut guider les individus à travers un processus structuré d'introspection, de confrontation et de résolution. Ce cheminement peut aider à résoudre les traumatismes passés et à établir une base pour un avenir plus sain et plus satisfaisant.

6. **Soutien dans la Confrontation :** Pour ceux qui choisissent de confronter leurs parents ou

d'autres figures significatives, un thérapeute peut offrir un soutien, une préparation et un accompagnement dans le processus.

7. **Exploration de Soi :** Outre l'examen des blessures du passé, la thérapie peut également offrir l'occasion d'explorer son propre moi, ses aspirations, ses valeurs et ses désirs, permettant une croissance personnelle et une plus grande conscience de soi.

8. **Réseau de Soutien :** Souvent, un thérapeute peut recommander des groupes de soutien ou d'autres ressources qui peuvent aider dans le parcours de guérison. Ces groupes peuvent offrir un sentiment de communauté et la conscience de ne pas être seul dans son expérience.

En conclusion, le soutien thérapeutique est un composant essentiel pour de nombreuses personnes dans leur parcours de guérison des traumatismes liés à leur éducation par des parents émotionnellement immatures. Il offre une combinaison d'écoute professionnelle, d'aperçus, d'outils pratiques et un environnement sûr et durable pour naviguer dans le territoire complexe des blessures émotionnelles et entreprendre un voyage vers le bien-être. Chaque individu est unique, et la thérapie peut être adaptée pour répondre aux besoins et aux circonstances spécifiques de chacun.

Types de Thérapies et Leurs Avantages :
Les différentes formes de thérapie offrent une
gamme variée d'approches et de méthodologies
pour aborder les problèmes liés à l'enfance avec
des parents émotionnellement immatures.

1. **Thérapie Cognitive-Comportementale
   (TCC) :** Cette thérapie se concentre sur la façon
   dont les pensées influencent les comportements
   et les émotions. Elle est particulièrement efficace
   pour aborder les schémas de pensée négatifs ou
   déformés. Par exemple, une personne peut avoir
   développé l'idée qu'elle n'est pas digne d'amour
   en raison du comportement de ses parents ; grâce
   à la TCC, elle peut apprendre à remettre en
   question et à changer ce schéma de pensée.

2. **Thérapie Psychodynamique :** Elle repose sur
   l'idée que les expériences de l'enfance influencent
   la personnalité et le comportement de l'adulte.
   Elle explore comment les traumatismes ou les
   relations passées influencent les relations et les
   comportements actuels.

3. **Thérapie Centrée sur la Personne :** Ce type
   de thérapie se concentre sur la création d'un
   environnement d'acceptation et de
   compréhension, permettant à l'individu
   d'explorer ses sentiments dans un espace sûr.

4. **Thérapie Familiale :** Elle peut être utile aux
   adultes qui souhaitent aborder les dynamiques
   familiales avec leurs parents ou d'autres

membres de la famille. Cette approche considère la famille comme une unité et cherche à résoudre les conflits et à améliorer la communication au sein de celle-ci.

5. **Thérapie par l'Art :** L'art peut servir de moyen pour exprimer des émotions et des traumatismes qui pourraient être difficiles à verbaliser. Dessiner, peindre ou sculpter peut aider à révéler et à traiter des sentiments refoulés.

6. **Thérapie Corporelle :** Étant donné que le traumatisme peut être stocké dans le corps, des techniques telles que la danse-thérapie ou la thérapie par le mouvement peuvent être utiles pour libérer des émotions bloquées et travailler à travers les traumatismes physiques et émotionnels.

7. **Pleine Conscience et Thérapies Basées sur la Conscience :** Ces pratiques aident les individus à se connecter au présent, à réduire l'anxiété et à devenir plus conscients de leurs schémas de pensée et de réaction.

8. **Groupes de Soutien :** Bien qu'ils ne soient pas une forme de thérapie formelle, les groupes de soutien offrent un environnement où les individus peuvent partager leurs expériences et trouver de la solidarité avec d'autres ayant vécu des expériences similaires.

Chaque individu a des besoins uniques, et ce qui fonctionne pour une personne peut ne pas fonctionner pour une autre. Il peut être nécessaire d'essayer différents types de thérapie ou de combiner plusieurs approches pour trouver ce qui est le plus efficace. Cependant, le facteur commun à chaque forme de thérapie est l'opportunité d'explorer et de traiter les émotions dans un environnement sûr et durable. La clé est de trouver un thérapeute ou une approche avec lesquels on se sent à l'aise et qui répond aux besoins spécifiques de l'individu.

La Thérapie comme Outil d'Autonomisation et de Compréhension de Soi : De nombreux adultes ayant eu des parents émotionnellement immatures ont pu développer toute une série de mécanismes de défense et de stratégies d'adaptation qui, bien qu'utiles pendant l'enfance, peuvent devenir des obstacles à l'âge adulte. La thérapie peut servir de lieu où ces mécanismes peuvent être reconnus, compris et remaniés.

Reconstruction de l'Estime de Soi : L'un des dommages les plus graves causés par le fait d'avoir été élevé par des parents émotionnellement immatures est une faible estime de soi. Beaucoup peuvent se sentir comme s'ils n'étaient pas "assez bons" ou pourraient lutter avec un sentiment de honte généralisé. La thérapie peut aider à éradiquer ces croyances erronées et à construire un sentiment de valeur et d'estime de soi.

Processus de Guérison du Traumatisme : Tout le monde n'expérimente pas un traumatisme au sens traditionnel en ayant des parents émotionnellement immatures, mais beaucoup ont vécu des épisodes traumatiques ou un stress prolongé. La thérapie peut fournir des outils et des ressources pour faire face à ces expériences traumatisantes.

Techniques de Relaxation et de Réduction du Stress : La thérapie peut également offrir une gamme de techniques de gestion du stress, telles que la respiration profonde, la méditation ou la visualisation guidée. Ces techniques peuvent être particulièrement utiles pour ceux qui ont développé des réponses anxieuses ou hyperactives en raison de leurs expériences infantiles.

Reconstruction du Récit Personnel : L'histoire que nous nous racontons sur notre enfance et notre identité peut avoir un impact profond sur la façon dont nous nous voyons et dont nous interagissons avec les autres. La thérapie peut aider les individus à réécrire ces récits de manière plus véridique et valorisante.

Stratégies pour Construire des Relations Saines : Après avoir vécu avec des parents émotionnellement immatures, il peut être difficile de savoir ce qui constitue une relation saine. Grâce à la thérapie, les individus peuvent apprendre ce que signifie avoir une relation équilibrée et comment construire des liens sains avec les autres.

Compréhension du Cycle Générationnel : Il est essentiel de comprendre que, s'ils ne sont pas traités, les modèles de comportement peuvent être transmis de génération en génération. La thérapie peut aider les individus à reconnaître ces schémas et à prendre des décisions conscientes sur la manière dont ils veulent interagir avec leurs propres enfants ou d'autres membres de la famille.

En résumé, bien que les blessures de l'enfance puissent laisser des cicatrices profondes, la thérapie offre un chemin vers la guérison et la transformation. Il ne s'agit pas seulement de "parler de ses problèmes", mais d'utiliser des outils, des ressources et des perspectives pour créer une vie plus heureuse, plus saine et plus épanouissante.

Conclusion sur le Soutien Thérapeutique : La thérapie représente un phare dans le voyage de la compréhension de soi et de la guérison pour ceux qui ont relevé les défis d'avoir des parents émotionnellement immatures. Cette forme d'intervention professionnelle ne se limite pas à fournir un lieu sûr pour exprimer des douleurs et des traumatismes, mais offre également des outils immédiatement applicables et des perspectives transformantes qui peuvent changer le cours de la vie d'un individu.

L'importance de la Personnalisation : Il n'existe pas d'approche thérapeutique universelle qui fonctionne pour tout le monde. Chaque individu apporte avec lui une histoire unique, il est donc essentiel que le thérapeute adapte son approche aux besoins spécifiques du patient. Cette personnalisation garantit que le traitement soit aussi efficace que possible et réponde aux défis individuels présentés par chaque patient.

L'Autonomisation grâce à la Compréhension : Un des objectifs fondamentaux de la thérapie est de permettre à l'individu de comprendre les racines de ses comportements, émotions et schémas de pensée. Cette compréhension peut fournir un sentiment de contrôle, car la personne commence à reconnaître qu'elle n'est pas "défectueuse", mais que ses réactions et comportements résultent souvent d'expériences passées.

La thérapie comme Engagement à Long Terme : Alors que certaines personnes peuvent bénéficier de quelques séances de thérapie, beaucoup découvrent que la guérison en profondeur prend du temps. Le chemin thérapeutique n'est pas linéaire, et il peut y avoir des alternances de progrès et de moments difficiles. Il est essentiel de reconnaître que la persévérance dans le processus peut conduire à une transformation durable.

Le Pouvoir de la Connexion : Au-delà des techniques et des outils spécifiques, l'un des aspects les plus curatifs de la thérapie est la relation même entre le thérapeute et le patient. Se sentir vu, entendu et compris peut être incroyablement puissant, en particulier pour ceux qui n'ont pas eu ces expériences pendant leur enfance.

En fin de compte, la décision de rechercher un soutien thérapeutique est un acte de courage et un investissement dans son propre bien-être futur. Pour beaucoup, il représente le premier pas significatif vers la création d'une vie plus riche, plus satisfaisante et déchargée du poids du passé. En tant que tel, la thérapie ne devrait pas être perçue comme un signe de faiblesse, mais plutôt comme une reconnaissance de sa propre force et de la détermination à vivre une vie meilleure.

12.**Témoignages :** Partagez des exemples réels d'individus ayant relevé et surmonté les défis d'avoir des parents émotionnellement immatures.

Témoignages : Témoignage 1 : Marco et la Recherche d'Indépendance Marco a grandi dans une famille où sa mère avait l'habitude de prendre des décisions pour lui. Même de petites décisions, comme le choix des vêtements à porter ou des amis avec qui sortir, étaient souvent prises par sa mère. Quand Marco est devenu adulte, il a réalisé qu'il avait du mal à prendre des décisions autonomes et à avoir confiance en son propre jugement. Grâce à la thérapie, il a appris à reconnaître et à remettre en question ces schémas acquis et a progressivement gagné en indépendance dans sa vie.

Histoire 2 : Clara et la quête d'acceptation
Clara a grandi en se sentant souvent rejetée par son père, un homme émotionnellement distant. Chaque fois qu'elle essayait de s'approcher ou de partager ses sentiments, il la repoussait ou minimisait ses émotions. En tant qu'adulte, Clara cherchait constamment l'approbation et l'acceptation dans ses relations. Avec l'aide de la thérapie, elle a commencé à comprendre les

origines de ce schéma et a travaillé pour trouver l'acceptation et l'amour pour elle-même, réduisant sa dépendance à l'approbation extérieure.

Histoire 3 : Paolo et la peur de s'exprimer
Élevé dans un environnement où les émotions n'étaient jamais discutées ni validées, Paolo avait appris à réprimer ses sentiments et à éviter les conflits. Ce modèle a influencé ses relations d'adulte, où il se retrouvait souvent à sacrifier ses propres besoins pour maintenir la paix. Grâce à la thérapie, Paolo a appris l'importance d'exprimer ses propres sentiments et besoins et a développé des compétences en communication qui lui ont permis d'avoir des relations plus équilibrées et satisfaisantes.

Histoire 4 : Silvia et la résilience Silvia a souvent été ridiculisée et dévalorisée par sa mère pendant son enfance. Cela l'a conduite à développer une faible estime de soi et à avoir du mal à faire confiance aux autres. Cependant, elle a également développé une forte résilience. En tant qu'adulte, Silvia a cherché un soutien thérapeutique et a découvert la force intérieure qu'elle avait construite comme mécanisme de défense. Elle a utilisé cette résilience pour faire face à ses traumatismes passés et construire une vie heureuse et épanouie.

Ces exemples illustrent comment, malgré les défis d'avoir des parents émotionnellement immatures, les individus peuvent trouver des voies de guérison et de transformation. À travers la conscience, le soutien et la détermination, il est possible de surmonter les schémas acquis et de créer une vie satisfaisante et épanouissante.

Histoire 5 : Beatrice et le pouvoir du pardon Beatrice a grandi dans un environnement où les silences étaient plus éloquents que les mots. Son père, émotionnellement immature, évitait souvent la confrontation et ignorait les besoins émotionnels de sa fille. Ce comportement a laissé Beatrice avec un profond sentiment de ne pas être vue ou reconnue. En tant qu'adulte, elle portait avec elle une colère refoulée et un profond sentiment d'injustice. Cependant, à travers des rencontres avec des groupes de soutien et une thérapie, elle a appris l'art du pardon. Il ne s'agissait pas d'excuser le comportement de son père, mais de se libérer du poids de ces souvenirs douloureux.

Histoire 6 : Roberto et l'apprentissage de la vulnérabilité En raison des critiques fréquentes et des jugements de son père, Roberto avait construit un mur autour de ses vrais sentiments, montrant au monde extérieur seulement un masque de sécurité. Cette défense, bien qu'elle l'ait protégé pendant son enfance, était devenue une prison à l'âge adulte. Il avait du mal à établir des liens profonds avec les autres et craignait la vulnérabilité. Avec l'aide d'un thérapeute expérimenté, Roberto a progressivement appris à abattre ce mur, découvrant que montrer sa vulnérabilité pouvait conduire à des relations plus profondes et significatives.

Histoire 7 : Giulia et la redécouverte de l'estime de soi Giulia avait toujours eu l'impression de ne pas être à la hauteur des attentes de sa mère, une femme exigeante et souvent insatisfaite. Cela l'a amenée à douter constamment d'elle-même et de ses capacités. En tant qu'adulte, cependant, une série d'expériences positives au travail et des rencontres significatives avec des amis aimants ont commencé à remettre en question cette image négative d'elle-même. Giulia a entrepris un voyage d'auto-découverte, reconnaissant sa propre valeur et apprenant à nourrir et à protéger son estime de soi.

Histoire 8 : Lorenzo et le réseau de soutien En grandissant avec des parents émotionnellement distants, Lorenzo se sentait toujours seul. Cette solitude a influencé sa jeunesse et les premières années de sa vie d'adulte, le poussant souvent à s'isoler. Mais une série de circonstances l'a amené à rejoindre un groupe de soutien pour des personnes ayant des histoires familiales similaires. Ce réseau de soutien est devenu essentiel pour lui, lui offrant non seulement de la compréhension et le partage d'expériences, mais aussi des outils et des ressources pour faire face et surmonter les blessures du passé.

Ces histoires mettent en évidence la capacité de résilience de l'être humain, montrant que, malgré une enfance difficile, avec les bonnes ressources et le bon soutien, il est possible de trouver un chemin de guérison et de réconciliation avec le passé.

Histoire 9 : Chiara et l'art de la méditation Chiara a grandi dans un environnement chaotique, avec des parents émotionnellement instables qui offraient rarement une stabilité. En tant qu'adulte, l'anxiété et le stress semblaient être ses compagnons constants. Cependant, un jour, un ami l'a initiée à la méditation. À travers la pratique quotidienne, Chiara a découvert un havre de paix intérieure qui lui a permis de s'éloigner des cicatrices de son passé et de vivre dans le présent. La méditation est devenue son ancrage, lui permettant de naviguer à travers les défis de la vie avec plus de calme et de centrage.

Histoire 10 : Fabio et le pouvoir du journal intime Pour Fabio, l'écriture avait toujours été une activité agréable, mais il n'avait jamais envisagé de l'utiliser comme outil d'introspection et de guérison. Élevé avec des parents critiques et souvent méprisants, il avait développé une image négative de lui-même. Commencer à écrire un journal est devenu un moyen pour lui d'exprimer, de traiter et finalement de libérer ces émotions répressives. Avec le temps, à travers les pages de son journal, Fabio a réussi à trouver une compréhension plus profonde de lui-même et à construire une vision plus équilibrée et compatissante de son histoire personnelle.

Histoire 11 : Elena et l'exploration à travers les voyages Elena avait toujours ressenti une sensation accablante d'être "piégée" dans sa ville natale, liée aux souvenirs douloureux d'une enfance passée avec des parents émotionnellement immatures. Ainsi, dès qu'elle en a eu l'occasion, elle a décidé de partir pour un voyage en solitaire à travers différents pays. Chaque nouvel endroit, chaque culture et chaque rencontre sont devenus un pas dans son cheminement d'auto-découverte. Bien loin d'être une simple fuite, le voyage est devenu pour Elena un moyen de se confronter à elle-même, reconnaissant que, malgré son passé, elle avait le pouvoir de définir son avenir.

Histoire 12 : Marco et la connexion à la nature La nature avait toujours exercé un attrait particulier sur Marco. Ayant grandi dans un environnement urbain avec des parents souvent émotionnellement absents, il trouvait du réconfort dans les rares excursions à la campagne ou dans les parcs. En tant qu'adulte, il prit la décision de déménager dans une région plus rurale, s'entourant de la tranquillité et de la sérénité de la nature. Ce changement lui offrit non seulement une pause par rapport à l'agitation de la vie en ville, mais devint également un puissant catalyseur pour sa guérison émotionnelle. Entouré par la nature, Marco apprit l'importance du relâchement, du renouveau et de la régénération, des concepts qu'il appliqua également à sa vie intérieure.

Histoire 13 : Valentina et l'art de la danse Valentina, depuis son enfance, avait toujours ressenti un lien fort avec la musique, mais n'avait jamais eu l'occasion d'exprimer son amour pour elle en raison d'un environnement familial strict et peu compréhensif. En tant qu'adulte, elle décida de s'inscrire à des cours de danse contemporaine. Elle découvrit rapidement que la danse n'était pas seulement un moyen de bouger son corps, mais aussi un puissant moyen d'expression émotionnelle. À travers les mouvements, Valentina commença à libérer de vieux traumatismes et des peurs, et à retrouver une connexion avec elle-même qu'elle avait perdue. La danse devint sa soupape de décompression, un endroit sûr où elle pouvait librement exprimer ses émotions.

Histoire 14 : Luca et la thérapie par les animaux Depuis son plus jeune âge, Luca avait toujours eu un lien spécial avec les animaux. Dans une enfance marquée par la mécompréhension et le manque de soutien émotionnel, les moments passés avec son chien étaient un refuge sûr pour lui. En tant qu'adulte, il décida de recourir à la thérapie assistée par les animaux. L'interaction avec les chevaux, les chiens et d'autres animaux devint un moyen pour lui de retrouver une connexion authentique et sans jugement. Il découvrit qu'à travers le contact avec ces êtres, il pouvait abattre des murs émotionnels et commencer un processus de guérison authentique.

Histoire 15 : Arianna et la cuisine comme thérapie Arianna avait toujours eu une relation compliquée avec la nourriture en raison de la dynamique familiale. Cependant, en tant qu'adulte, elle tomba sur un livre de cuisine méditative et décida d'expérimenter la préparation des plats de manière consciente. Elle découvrit que la cuisine pouvait devenir une expérience thérapeutique : chaque ingrédient, chaque étape de la préparation, devenait un acte de présence et de soin. La cuisine devint un rituel pour Arianna, un moment où elle pouvait exprimer sa créativité et son amour, et à travers lequel elle redécouvrit le véritable plaisir de se nourrir à tous les sens.

Histoire 16 : Matteo et l'escalade Matteo avait passé une grande partie de son enfance à se sentir "bloqué", tant physiquement qu'émotionnellement, en raison de la dynamique familiale. Une fois adulte, un ami l'initia à l'escalade. Initialement sceptique, il se rendit rapidement compte que l'escalade n'était pas seulement une activité physique, mais aussi un voyage intérieur. Chaque montagne, chaque paroi, représentait un défi, une opportunité de surmonter des peurs et des limites. À travers l'escalade, Matteo apprit l'importance de la détermination, de la résilience et de la confiance en soi, retrouvant un sentiment de liberté qu'il avait perdu.

En conclusion, les histoires d'individus qui ont fait face aux défis d'une enfance avec des parents émotionnellement immatures soulignent comment chaque personne peut trouver des chemins de guérison et de redécouverte personnalisés et uniques. Bien que l'enfance et l'environnement familial jouent un rôle crucial dans la formation du caractère et dans l'établissement de certaines dynamiques relationnelles, la capacité de résilience et de renaissance de l'être humain est étonnamment puissante.

Des personnes comme Valentina, Luca, Arianna et Matteo représentent un échantillon des innombrables façons dont les individus peuvent surmonter les blessures du passé et redécouvrir leur authenticité. Chaque histoire, bien qu'unique, partage des traits communs : la recherche d'une connexion profonde avec soi-même, le désir d'exprimer et de libérer des émotions refoulées, et la nécessité de trouver une soupape de décompression ou une ancre dans le monde extérieur.

Les modalités de guérison varient largement :
alors que certaines personnes peuvent trouver du
réconfort et une catharsis dans l'art et la
créativité, comme Valentina et Arianna, d'autres
peuvent découvrir la thérapie à travers le contact
avec la nature ou les animaux, comme Luca et
Matteo. Ces histoires témoignent du fait que la
guérison n'a pas de formule fixe, mais s'adapte
aux besoins et aux désirs de chacun.
Il est également important de souligner
comment, malgré les difficultés et les
traumatismes vécus, de nombreuses personnes
parviennent à transformer leur douleur en force.
Les leçons apprises des défis relevés peuvent
devenir de puissants outils de croissance
personnelle, permettant aux individus de vivre
des vies pleines, authentiques et significatives.
Enfin, il est fondamental de reconnaître
l'importance de l'environnement et des
personnes qui entourent l'individu lors de son
parcours de guérison. Les amis, les thérapeutes,
les mentors, ou même de simples inconnus
croisés sur son chemin, peuvent offrir un soutien,
une compréhension et le guider vers la
redécouverte de soi. Ces histoires sont un
témoignage du pouvoir de l'être humain de se
régénérer, de se réinventer et de trouver de
nouveaux sens, indépendamment des adversités
rencontrées dans le passé.

14. Importance de l'Auto-cure L'auto-cure n'est pas un concept superflu ou un luxe réservé à quelques-uns : c'est une nécessité fondamentale pour maintenir l'équilibre mental, physique et émotionnel. Tout comme nous prenons soin de nos besoins physiques en mangeant, en buvant de l'eau et en dormant, nous devons prendre soin de nos besoins émotionnels et psychologiques.

1. **Écoutez votre corps** : Souvent, le corps nous envoie des signaux clairs sur ce dont il a besoin. La fatigue, l'irritabilité, les maux de tête peuvent être des symptômes de stress ou de besoins non satisfaits. Prenez le temps de vous reposer et de récupérer lorsque vous en ressentez le besoin.

2. **Établissez des limites** : Cela signifie reconnaître quand dire "non" aux demandes des autres et établir des frontières claires pour protéger votre temps, votre énergie et votre bien-être.

3. **Connectez-vous à la nature** : Passer du temps à l'extérieur, marcher dans un parc, faire des randonnées ou simplement s'asseoir sous un arbre peut avoir un effet apaisant et régénérant.

4. **Pratiquez la pleine conscience** : La méditation, la respiration consciente et d'autres techniques de pleine conscience peuvent vous

aider à rester ancré dans le présent, réduisant l'anxiété et le stress.

5. **Exercice physique** : L'activité physique maintient non seulement le corps en forme, mais libère également des endorphines, des substances chimiques naturelles qui favorisent le bien-être et réduisent le stress.

6. **Exprimez-vous** : Que ce soit par l'écriture, la peinture, la danse, la cuisine ou toute autre forme d'expression, permettez-vous d'exprimer votre créativité et vos émotions.

7. **Connectez-vous avec les autres** : La connexion humaine est essentielle. Parler avec des amis, partager des moments en famille ou même faire de nouvelles connaissances peut vous aider à vous sentir soutenu et compris.

8. **Établissez une routine** : Avoir une routine quotidienne, même flexible, peut vous fournir un sentiment de structure et de prévisibilité au milieu du chaos.

9. **Éducation continue** : Apprendre quelque chose de nouveau, que ce soit un passe-temps, une langue ou toute autre compétence, peut vous apporter un sentiment d'accomplissement et de but.

10. **Recherchez un soutien professionnel** : Parfois, les défis peuvent devenir trop grands pour être affrontés seuls. Les thérapeutes, les

conseillers et les coachs peuvent fournir des outils et des perspectives précieuses.

En conclusion, prendre soin de soi n'est pas un acte égoïste. C'est plutôt un engagement envers sa propre santé et son bien-être. En faisant face aux défis de la vie, en particulier ceux liés à des parents émotionnellement immatures, l'auto-cure devient encore plus cruciale. À travers des pratiques quotidiennes et une profonde prise de conscience de vos besoins, chaque individu peut construire une base solide à partir de laquelle affronter les défis de la vie avec résilience et force.

Le thème de l'auto-cure est vraiment vaste et crucial. Au fil du temps, de nombreuses personnes ont compris que prendre soin de soi n'est pas un signe d'égoïsme, mais plutôt une forme de respect et d'amour pour soi-même, qui se reflète ensuite dans toutes les interactions extérieures. Voici quelques approfondissements supplémentaires sur le sujet :

L'auto-cure est intrinsèquement liée au concept d'estime de soi. Lorsque nous reconnaissons notre valeur, nous avons naturellement tendance à prendre soin de nous-mêmes. En revanche, si nous ne nous considérons pas comme dignes d'attention et de soins, il est facile de nous négliger. La clé réside dans la construction d'une relation saine avec nous-mêmes, et cela commence souvent par de petits gestes quotidiens.

Un autre aspect crucial de l'auto-cure est la capacité à reconnaître et à écouter ses propres émotions. Beaucoup d'entre nous ont été éduqués à réprimer certaines émotions, en particulier celles considérées comme "négatives". Cependant, l'auto-cure exige que nous accordions de l'espace à toutes nos émotions, en les acceptant comme faisant partie de notre être. Lorsque nous ressentons de la tristesse, de la colère ou de la frustration, l'auto-cure peut signifier prendre un moment pour réfléchir à ce que nous ressentons, plutôt que d'ignorer ou de refouler ces émotions.

L'environnement dans lequel nous vivons joue un rôle essentiel dans notre bien-être. L'auto-cure peut également signifier créer un espace qui nous fait nous sentir en sécurité, en paix et à l'aise. Qu'il s'agisse d'une maison bien aménagée, d'une pièce dédiée à la méditation ou d'un coin lecture, disposer d'un espace personnel où l'on peut se retirer et se détendre est fondamental.

La nutrition est un autre pilier de l'auto-cure. Nourrir le corps avec des aliments sains et nutritifs, boire suffisamment d'eau et réduire ou éviter les substances nocives pour notre bien-être (comme l'alcool, la caféine en excès ou les sucres raffinés) sont toutes des actions qui reflètent un profond soin de soi.

Enfin, l'auto-cure ne signifie pas s'isoler du monde. Au contraire, elle implique souvent de rechercher activement des communautés et des groupes de soutien partageant des intérêts ou des défis similaires. Faire partie d'une communauté peut apporter un sentiment d'appartenance et de soutien essentiel à notre bien-être psychologique. Tous ces aspects sont étroitement liés et contribuent à un cadre global de santé et de bien-être. La clé réside dans l'équilibre : reconnaître ce dont on a besoin à chaque moment et agir en conséquence, sans jugement et avec bienveillance envers soi-même. Le chemin de l'auto-cure est un voyage continu, fait de découvertes, de défis et de moments de croissance.

L'auto-cure ne se limite pas seulement aux pratiques physiques ou aux habitudes alimentaires ; elle concerne également la santé mentale et spirituelle. Notre psyché est aussi importante que notre corps physique et nécessite une attention régulière pour garantir son bien-être.

Une des facettes de l'auto-soin mental concerne la gestion du stress. Nous vivons dans un monde où les demandes et les pressions sont constantes, venant à la fois de l'extérieur et de l'intérieur. Trouver des

moyens efficaces de gérer le stress, tels que la méditation, l'écriture ou simplement passer du temps dans la nature, peut avoir des effets profondément positifs sur notre santé mentale.

La pratique de la pleine conscience, ou la mindfulness, est devenue de plus en plus populaire comme outil d'auto-soin. En se concentrant sur le présent et en acceptant sans jugement le moment actuel, on peut atteindre une forme de paix intérieure et de clarté mentale qui serait autrement difficile à trouver.

De plus, consacrer du temps à ses passions et à ses hobbies n'est pas seulement un moyen de se détendre, mais aussi de se ressourcer et de raviver sa propre étincelle intérieure. Que ce soit la peinture, la danse, la lecture ou toute autre activité qui fait vibrer l'âme, il est essentiel de se réserver du temps pour ces passions.

Un autre aspect souvent négligé de l'auto-soin est la qualité du sommeil. Un sommeil adéquat est essentiel pour notre santé physique et mentale. Cela signifie créer un environnement propice au repos, avoir une routine du soir qui indique au corps qu'il est temps de ralentir, et, si nécessaire, avoir recours à des techniques de relaxation pour aider à s'endormir.

L'auto-soin comprend également l'importance de fixer des limites. Cela signifie reconnaître quand vous avez besoin d'une pause et vous sentir en droit de la prendre. Il n'est pas égoïste de vouloir se détacher ou de dire "non" lorsque l'on se sent déjà submergé. Au contraire, c'est un signe d'auto-respect et de conscience de ses propres besoins.

Ironiquement, la connexion sociale fait également partie de l'auto-soin. Les êtres humains sont des créatures sociales ; nous avons besoin d'interactions humaines pour nous sentir connectés et compris. Cela peut signifier passer du temps avec des amis ou des membres de la famille, rejoindre des groupes ou des communautés de personnes partageant des intérêts similaires, ou même chercher un soutien professionnel lorsque l'on traverse des périodes particulièrement difficiles.

Enfin, il est important de se rappeler que l'auto-soin n'est pas une destination, mais un voyage. Il n'y a pas de manière "correcte" de pratiquer l'auto-soin ; ce qui compte, c'est de trouver ce qui fonctionne pour chaque individu et de s'engager dans ces pratiques avec intention et conscience. Le chemin de l'auto-soin est en constante évolution, s'adaptant aux besoins changeants de chaque personne le long du parcours de la vie.

L'auto-soin représente une composante fondamentale du bien-être global d'un individu. Il s'agit d'un concept qui englobe de nombreux aspects de la vie d'une personne et qui demande une attention constante ainsi qu'une réflexion profonde sur ses besoins, tant physiques qu'émotionnels.

Tout d'abord, il faut considérer l'auto-soin comme un investissement en soi. Comme tout investissement, il demande du temps, des ressources et de l'engagement, mais les avantages à long terme sont incommensurables. L'auto-soin ne devrait jamais être considéré comme un luxe ou une indulgence ; il s'agit plutôt d'une nécessité pour maintenir l'équilibre dans la vie trépidante d'aujourd'hui.

Un des principaux obstacles que les gens rencontrent lorsqu'ils adoptent une pratique d'auto-soin régulière est la culpabilité. Dans une société qui récompense la productivité et l'activité incessante, prendre du temps pour soi peut sembler être un acte égoïste. Cependant, il est essentiel de comprendre que prendre soin de soi profite non seulement à l'individu, mais a également des répercussions positives sur ceux qui l'entourent. Une personne qui prend soin d'elle-même est plus susceptible d'avoir des énergies positives à partager avec les autres, d'être plus patiente, compréhensive et productive.

L'auto-soin n'est pas une formule statique et universelle. Ce qui fonctionne pour une personne peut ne pas fonctionner pour une autre. Il est donc essentiel d'expérimenter et de s'auto-évaluer. Écouter son propre corps, son esprit et son âme est essentiel pour identifier ce dont on a besoin. Cela peut signifier essayer différentes formes de méditation, changer ses habitudes alimentaires, explorer de nouvelles activités ou simplement consacrer plus de temps au repos. En conclusion, l'auto-soin est un voyage continu de découverte et de réaffirmation de soi. C'est une pratique qui demande de l'engagement, mais qui récompense par une sensation renouvelée de bien-être, d'équilibre et de satisfaction dans la vie. Dans un monde où l'on est constamment bombardé par des stimuli extérieurs, des attentes et des pressions, l'auto-soin émerge comme une boussole indispensable, guidant les individus vers une vie plus centrée, épanouissante et en harmonie avec eux-mêmes.

15. Comprendre le Pardon : Explorez ce que signifie réellement pardonner et quand c'est approprié.

Le pardon est l'un des aspects les plus discutés et complexes de l'expérience humaine. Dans de nombreuses cultures et traditions spirituelles, le pardon est considéré comme une vertu essentielle, une étape nécessaire vers la guérison, l'évolution et la paix intérieure. Cependant, sa véritable signification, ses implications et ses limites font l'objet d'interprétations diverses et parfois contradictoires.

Nature du Pardon : Le pardon n'est pas simplement l'acte d'"oublier" un tort ou de réprimer les sentiments de colère ou de douleur. Au contraire, c'est un processus profond et intentionnel par lequel une personne décide de se libérer du poids de ses propres blessures, en reconnaissant la douleur mais en choisissant de ne pas être définie par elle. Le pardon ne nie pas le mal subi, mais transforme la façon dont nous le percevons et interagissons avec lui.

Pardon vs Réconciliation : Il est essentiel de faire la distinction entre le pardon et la réconciliation. On peut pardonner à quelqu'un sans nécessairement rétablir une relation avec lui. La réconciliation implique la réparation d'une relation brisée et nécessite le consentement et l'action des deux parties impliquées. Le pardon, en revanche, est un choix personnel qui peut être fait indépendamment du comportement ou du repentir de l'autre personne.

Avantages du Pardon : De nombreuses recherches ont montré que le pardon peut avoir des avantages psychologiques et physiques.

Ceux-ci incluent la réduction du stress, de l'anxiété et de la dépression, une meilleure qualité de sommeil et une diminution du risque de problèmes cardiaques. Sur le plan émotionnel, le pardon peut conduire à une plus grande paix intérieure et à un sentiment renouvelé de liberté. Quand est-il approprié ? : Le pardon ne devrait jamais être forcé ni précipité. Chaque individu doit déterminer le bon moment pour lui-même. Dans certains cas, en particulier en cas de traumatismes graves ou répétés, le processus peut prendre beaucoup de temps et peut nécessiter un soutien thérapeutique. Et, dans certaines situations, une personne peut décider qu'elle ne peut pas ou ne veut pas pardonner. Ce choix est personnel et doit être respecté.

Le Pardon et Soi-même : Souvent, l'une des plus grandes défis dans le processus du pardon est de se pardonner soi-même. Reconnaître et accepter ses propres erreurs, lacunes ou faiblesses peut être douloureux, mais c'est aussi une étape cruciale vers la croissance personnelle et l'auto-acceptation.

Conclusion : Le pardon est un voyage intime et profondément individuel. Si et quand une personne choisit d'emprunter cette voie, elle s'engage dans un processus de libération et de compréhension authentique. Mais il est fondamental de se rappeler que le pardon est un choix, et chaque individu a le droit de décider quand et s'il est le moment approprié de le faire. Le concept du pardon va au-delà de la simple notion de "lâcher prise". Il pénètre profondément dans les replis de notre psyché et influence la façon dont nous nous percevons, ainsi que les autres et le monde qui nous entoure. Chaque culture et tradition religieuse a sa propre interprétation du pardon, mais il existe des thèmes universels qui émergent lorsque l'on explore ce sujet en profondeur.

Dans de nombreuses traditions spirituelles, le pardon est vu comme un moyen d'atteindre une connexion plus profonde avec le divin. On pense que nourrir la rancune ou entretenir des sentiments de vengeance nous sépare de la divinité ou de notre véritable moi. Ce lien entre le pardon et la spiritualité suggère que le pardon n'est pas seulement un acte altruiste envers un autre individu, mais aussi un acte d'auto-guérison et d'auto-libération.

D'un point de vue psychologique, le pardon peut être vu comme un moyen de surmonter le traumatisme. De nombreux professionnels de la santé mentale encouragent activement les personnes à suivre le chemin du pardon dans le cadre de leur parcours de guérison. Cependant, il est important de noter que le pardon n'est pas un acte unique, mais plutôt un processus qui peut prendre du temps et de la réflexion.

Il est également essentiel de souligner que le pardon n'équivaut pas à justifier ou minimiser l'acte qui a causé la douleur. On peut reconnaître pleinement la gravité d'une faute et, en même temps, choisir de pardonner. Cette distinction est cruciale car de nombreuses personnes pensent à tort que pardonner signifie "oublier" ou "approuver" un comportement nuisible.

En termes de relations interpersonnelles, le pardon peut avoir un impact significatif sur la dynamique d'une relation. Il peut créer de l'espace pour la réconciliation ou, dans certains cas, pour une séparation pacifique. Lorsque l'on pardonne à quelqu'un, on libère également une certaine énergie qui était précédemment liée au ressentiment ou à la colère. Ce relâchement peut conduire à une plus grande clarté et compréhension dans les interactions futures.

Cependant, il est également possible que certaines personnes utilisent le concept de pardon comme un moyen de manipuler ou de contrôler les autres. "Tu devrais me pardonner" ou "Si tu étais vraiment spirituel, tu pardonnerais" sont des exemples de la manière dont le pardon peut être déformé pour servir des objectifs égoïstes. Il est fondamental que chaque individu écoute son propre intuition et son discernement lorsqu'il s'agit de décider quand et comment pardonner.

Une autre nuance du pardon concerne la distinction entre pardonner et faire à nouveau confiance. On peut choisir de pardonner à quelqu'un pour une faute passée, mais cela ne signifie pas automatiquement que l'on doit rétablir la même quantité de confiance qu'il y avait auparavant. La confiance, une fois brisée, peut nécessiter du temps et des actions concrètes pour être reconstruite.

Le pardon, au fond, concerne la libération. Se libérer du fardeau du ressentiment, de la vengeance et de l'ombre de l'injustice. Alors que l'on pourrait penser que le pardon profite principalement à la personne qui a causé le tort, en réalité, le plus grand bénéficiaire du pardon est souvent celui qui pardonne.

Les neurosciences ont commencé à explorer les profondeurs du pardon, cherchant à comprendre comment il affecte le cerveau et le corps. Certaines recherches indiquent que nourrir la rancune peut réellement avoir un impact sur notre santé physique, entraînant une augmentation du stress, de l'hypertension et d'autres problèmes connexes. En revanche, le pardon peut favoriser la réduction du stress, améliorer la santé cardiaque et potentiellement augmenter la longévité.

L'un des principaux défis du pardon est la bataille interne entre le désir de justice et la volonté de se libérer du poids émotionnel. La société valorise souvent l'idée de "rendre des comptes", et la culture populaire est remplie d'histoires de vengeance et de justice. Ces récits peuvent rendre encore plus difficile d'embrasser l'idée de pardon, surtout lorsque la blessure est profonde et personnelle.

Cependant, il est important de souligner que le pardon ne signifie pas renoncer à la justice. Si quelqu'un a été victime d'une injustice, il a le droit de rechercher la justice par des moyens appropriés. Le pardon concerne davantage notre état intérieur et notre paix émotionnelle que l'action extérieure d'accepter ou de rejeter une personne ou une action.

Il existe également le concept d'auto-pardon, qui peut être encore plus difficile à naviguer. Les erreurs que nous avons commises, en particulier celles qui ont causé de la douleur à autrui, peuvent laisser des cicatrices émotionnelles profondes. L'auto-pardon nécessite une profonde introspection, une acceptation et une volonté de changer et de grandir.

Le voyage vers l'auto-pardon peut nécessiter de faire face à de vieilles blessures, de reconnaître ses propres erreurs et, surtout, d'accepter que l'on mérite l'amour et la compassion malgré les imperfections. Il est souvent utile de rechercher l'aide de professionnels, tels que des thérapeutes ou des conseillers, pour aider à naviguer dans ce territoire émotionnel complexe.

De plus, le pardon n'est pas une expérience monolithique ; il existe différents degrés et profondeurs. On peut pardonner facilement une petite offense, tandis qu'une violation plus grave de la confiance peut nécessiter des années pour être traitée et pardonnée. La clé est de reconnaître que chaque individu a son propre rythme et que le processus de pardon ne peut pas être précipité. Le respect de son propre parcours émotionnel et la reconnaissance de sa propre résilience et de sa capacité à guérir sont fondamentaux dans ce voyage.

Le concept du pardon est l'un des thèmes les plus complexes et variés du paysage émotionnel humain. En son cœur, c'est un acte de libération et de compassion, non seulement envers les autres, mais surtout envers nous-mêmes. Il s'agit d'une libération de la chaîne oppressante du ressentiment, de la corrosion de la colère et du poids de la vengeance. Mais aussi altruiste que cela puisse paraître, le pardon offre des avantages tangibles à celui qui pardonne, plutôt qu'à celui qui est pardonné.

D'un point de vue psychologique, entretenir des rancunes et des inimitiés peut avoir un impact négatif sur notre santé mentale, en créant de l'anxiété, du stress et de la dépression. Le poids de ces sentiments non résolus peut également se manifester physiquement, provoquant des tensions musculaires, des troubles du sommeil et d'autres problèmes liés au stress. Le pardon, en revanche, peut offrir un sentiment de paix et de libération, réduisant ces effets négatifs sur notre santé physique et mentale.

Pourtant, le chemin vers le pardon est rarement linéaire ou simple. Pardonner ne signifie pas oublier, ni nécessairement se réconcilier avec ceux qui nous ont fait du mal. Cela peut simplement signifier accepter ce qui s'est passé, en abandonnant le désir de vengeance ou de punition. Dans certains cas, cela peut également impliquer la reconnaissance que ceux qui ont causé du tort ont peut-être été, à leur tour, victimes de circonstances ou de traumatismes passés.

L'auto-pardon, comme nous l'avons déjà discuté, est un défi à part entière. Confronter ses propres erreurs, reconnaître son rôle dans les conflits passés et accepter que, malgré ses imperfections, on mérite l'amour et la compassion, est un voyage qui demande du courage et de l'introspection. Beaucoup de gens pourraient découvrir que, bien qu'ils puissent facilement pardonner aux autres, s'auto-pardonner est une montagne bien plus difficile à gravir.

En conclusion, le pardon, que ce soit envers les autres ou envers soi-même, est un processus profondément personnel et individuel. Il n'y a pas de solution unique pour tous ni de plan défini. Ce qui est essentiel, c'est la prise de conscience de sa propre capacité à guérir, la compréhension de sa propre résilience et la volonté de progresser vers un avenir où le poids du passé ne définit pas le potentiel de demain. Le pardon, sous toutes ses formes, est un témoignage de la force et de la capacité humaines à trouver la paix, la compassion et le renouveau même dans les circonstances les plus défavorables.

16. Réseau de Soutien : L'importance d'avoir des amis, des partenaires ou des groupes de soutien qui comprennent et soutiennent.

Le réseau de soutien est un pilier fondamental dans le processus de guérison et de croissance d'un individu. Il s'agit d'un groupe de personnes, pouvant inclure des amis, des membres de la famille, des partenaires, des collègues ou des groupes de soutien, qui offrent écoute, compréhension et aide de différentes manières. Voici une analyse approfondie de l'importance d'avoir un solide réseau de soutien.

1. **Validation Émotionnelle :** L'un des avantages clés d'avoir des personnes de soutien autour de vous est qu'elles peuvent valider vos sentiments. Cela signifie qu'elles peuvent confirmer que ce que vous ressentez est réel, valable et compréhensible. Cette validation peut réduire l'isolement et le sentiment que personne ne peut comprendre ce que vous traversez.

2. **Partage d'Expériences :** En plus de la validation, partager vos expériences avec d'autres peut offrir une perspective précieuse. Souvent, découvrir que quelqu'un a affronté des défis similaires et a trouvé des moyens de les surmonter peut être extrêmement encourageant.

3. **Écoute Active :** Un réseau de soutien offre souvent une oreille compatissante, prête à écouter sans jugement. Ce type d'écoute, où l'individu se sent vu et entendu, peut avoir un effet thérapeutique.

4. **Soutien Pratique :** Outre le soutien émotionnel, un réseau de soutien peut fournir une aide pratique. Cela peut inclure une assistance pour accomplir certaines tâches, des

conseils sur des ressources utiles ou simplement offrir une main amicale lorsque c'est nécessaire.

5. **Renforcement Positif :** À mesure que vous rencontrez des défis, un réseau de soutien peut servir de rappel de vos forces et capacités. Les mots d'encouragement ou les petits gestes d'affection peuvent beaucoup contribuer à renforcer l'estime de soi et la confiance en soi.

6. **Défoulement de la Tension :** Il y a des moments où la pression devient trop forte et où vous avez besoin de vous libérer. Avoir des personnes de confiance avec qui parler peut offrir une sortie sécurisée pour ces sentiments, prévenant ainsi des réactions négatives potentielles.

7. **Navigation de Décisions Difficiles :** La vie présente souvent des décisions complexes. Avoir un groupe de personnes avec qui discuter des options, peser le pour et le contre, peut aider à prendre des décisions plus éclairées.

8. **Croissance par la Réflexion :** Interagir avec d'autres peut souvent servir de miroir, reflétant des parties de nous-mêmes que nous pourrions ne pas voir. Cette réflexion peut être essentielle pour la croissance personnelle.

9. **Réduction du Sentiment d'Isolation :** L'un des principaux défis lorsqu'on fait face à des difficultés, notamment avec des parents émotionnellement immatures, est le sentiment

d'être seul. Un réseau de soutien réduit activement ce sentiment en offrant un sens de communauté et d'appartenance.

En conclusion, un réseau de soutien joue un rôle crucial dans le bien-être général d'un individu, offrant un mélange de soutien émotionnel, pratique et psychologique. Peu importe la nature du défi ou du traumatisme, avoir une communauté solidaire peut faire la différence entre se sentir isolé et submergé et se sentir soutenu et capable de surmonter les adversités. Dans le contexte de la guérison et du bien-être personnel, le réseau de soutien s'étend bien au-delà du concept traditionnel d'amitié ou de famille. La société moderne a vu émerger diverses formes de soutien qui peuvent contribuer à une expérience de guérison plus holistique et multidimensionnelle.

Connexions en Ligne : Avec la montée des médias sociaux et des plateformes en ligne, il existe maintenant des communautés virtuelles dédiées au soutien. Ces plateformes peuvent relier des individus du monde entier partageant des expériences similaires, permettant un partage et un soutien au-delà des frontières géographiques. Pouvoir se connecter avec quelqu'un de l'autre côté du monde, mais partageant un défi similaire, peut être incroyablement puissant.

Groupes d'Auto-Soutien : Au-delà des connexions numériques, il existe des groupes d'auto-support physiques qui se réunissent régulièrement. Ces groupes peuvent être spécifiques à des défis ou des traumatismes particuliers, tels que l'abus, la dépendance ou les défis de santé mentale. Dans ces environnements, les individus peuvent partager leurs histoires, apprendre les uns des autres et construire des liens solides d'entraide.

Événements et Ateliers : Il existe des événements, des séminaires et des ateliers conçus pour aider les gens à naviguer à travers des défis de vie spécifiques. Ces événements, en plus de fournir des informations et des outils, créent également des opportunités pour les individus de se connecter avec d'autres partageant des défis similaires.

Activités Thérapeutiques de Groupe : Des activités telles que la thérapie de groupe, la méditation en groupe ou les cours de yoga peuvent servir de réseau de soutien. Ces séances n'offrent pas seulement des outils de guérison, mais créent également un sentiment de communauté parmi les participants.

Soutien par l'Art et la Culture : La musique, la littérature, le cinéma et d'autres formes d'art peuvent agir comme un réseau de soutien indirect. À travers ces expressions, les gens peuvent ressentir une connexion émotionnelle, sentir que leurs expériences sont représentées et qu'ils ne sont pas seuls dans leurs défis.

Bénévolat et Service : Aider les autres peut être une forme puissante de guérison. De nombreuses personnes découvrent qu'en devenant bénévoles et en soutenant les autres, elles peuvent trouver un sens de la vie en communauté. Cela peut créer un réseau de soutien mutuel, où l'on donne et reçoit en même temps.

Soutien Animalier : Les animaux, en particulier les animaux de compagnie, peuvent offrir un type unique de soutien. L'amour inconditionnel et l'affection qu'un animal peut offrir servent souvent de source importante de réconfort et peuvent agir comme un tampon contre la solitude.

Soutien Professionnel : Outre les relations personnelles et les connexions communautaires, il est essentiel de reconnaître l'importance des professionnels tels que les thérapeutes, les conseillers et les coachs de vie. Ils peuvent fournir des outils, des ressources et des espaces sûrs pour travailler à travers les traumatismes et les défis.

En incorporant une combinaison de ces ressources et connexions, un individu peut créer un réseau de soutien robuste et résilient qui peut le soutenir à travers les défis de la vie. La clé est de reconnaître que chaque personne a besoin d'un type différent de soutien, et ce qui fonctionne pour l'un peut ne pas fonctionner pour un autre. Personnaliser et continuer à adapter son propre réseau de soutien en fonction de ses besoins est essentiel pour un parcours de guérison efficace et durable.

Au sein du paysage des relations humaines, il y a un besoin constant de se sentir compris, soutenu et accepté. C'est pourquoi un réseau de soutien bien structuré est fondamental pour notre santé mentale et émotionnelle. Explorons davantage le concept de réseau de soutien :

Éducation et Formation : Les cours, les séminaires et les ateliers peuvent non seulement éduquer, mais aussi servir de lieux où les gens peuvent rencontrer d'autres ayant des problèmes similaires ou des objectifs connexes. Le partage de ses expériences dans un environnement d'apprentissage peut créer un lien de soutien mutuel entre les participants.

Sports et Activités Récréatives : Les équipes sportives, les clubs de randonnée ou d'autres activités physiques sont excellents pour construire des réseaux de soutien. Lorsque les gens se réunissent pour un objectif commun, comme gagner un match ou gravir une montagne, des liens profonds se créent.

Groupes Religieux et Spirituels : Beaucoup de gens trouvent du soutien dans leurs communautés religieuses ou spirituelles. Ces groupes offrent souvent un endroit sûr pour partager des préoccupations, des doutes et des réussites, fournissant une connexion spirituelle et humaine profonde.

Soutien en Ligne Spécialisé : Il existe des forums et des groupes en ligne dédiés à des défis spécifiques, tels que l'anxiété, la dépression, la dépendance ou des maladies particulières. Ces espaces virtuels permettent aux gens de se connecter anonymement, de partager leurs histoires et de recevoir des conseils de ceux qui ont vécu des expériences similaires.

Groupes de Soutien pour l'Auto-Soins : L'auto-soin est devenu une partie cruciale de la santé mentale, et il existe de nombreux groupes dédiés à des pratiques d'auto-soin telles que la méditation, l'écriture réflexive et l'art-thérapie.

Événements Communautaires : Participer à des événements locaux, tels que des foires, des marchés ou des festivals, peut aider à créer un sentiment d'appartenance à une communauté. Ces événements peuvent également offrir des opportunités pour découvrir des ressources locales et se connecter avec d'autres personnes de la région.

Retraites et Vacances : Il existe des retraites spécifiquement conçues pour aider les gens à se détendre, se ressourcer et réfléchir. Lors de ces retraites, des liens durables peuvent se former avec d'autres participants, créant ainsi un réseau de soutien élargi.

Groupes Basés sur des Intérêts Communs : Qu'il s'agisse de clubs de lecture, de groupes de jardinage ou d'équipes de photographie, se rassembler autour d'un intérêt commun peut entraîner des liens profonds et significatifs entre les membres.

Chaque individu a besoin d'une combinaison personnalisée de ces sources de soutien. La diversité de ces réseaux signifie que, tandis que certains peuvent trouver du soutien dans un groupe religieux, d'autres pourraient le trouver dans un club sportif ou dans un forum en ligne. Ce qui est essentiel, c'est de reconnaître l'importance d'avoir un réseau et de faire des efforts pour le construire et le maintenir au fil du temps. Ces réseaux fournissent non seulement un soutien immédiat en période difficile, mais aussi des opportunités de croissance, d'apprentissage et d'enrichissement dans la vie quotidienne.

La construction et le maintien d'un solide réseau de soutien sont des éléments fondamentaux pour la santé mentale et le bien-être d'un individu, en particulier pour ceux qui ont fait face aux défis d'avoir des parents émotionnellement immatures. Un réseau de soutien va bien au-delà du simple fait d'avoir quelqu'un à qui parler. C'est un système complexe de relations et de ressources qui offre du réconfort, de la guidance, de l'encouragement et même des opportunités de croissance personnelle.

De nombreuses études ont montré qu'avoir un réseau de soutien solide peut contribuer à réduire les niveaux de stress, à améliorer la capacité à faire face aux défis de la vie et à augmenter le sentiment d'appartenance et de but. En particulier, lorsqu'il s'agit de faire face à des traumatismes ou à des défis liés à l'enfance, la capacité à partager et à traiter ces expériences avec des individus compréhensifs peut accélérer le chemin vers la guérison.

Cependant, la construction d'un réseau de soutien demande des efforts. Il ne s'agit pas seulement de chercher de l'aide en période de crise, mais d'établir et de cultiver des relations au fil du temps. Cela pourrait signifier participer activement à des groupes, prendre l'initiative de partager des expériences personnelles, ou même aider les autres dans leurs défis, en reconnaissant que donner et recevoir du soutien sont deux faces de la même médaille.

Il est également important de reconnaître que toutes les relations ou tous les groupes ne seront pas bénéfiques ou appropriés pour chaque individu. Parfois, une relation ou un groupe peut cesser d'être constructif ou devenir toxique. Dans ces cas, il est essentiel d'avoir la conscience et le courage de s'éloigner et de chercher d'autres sources de soutien.

En conclusion, un réseau de soutien n'est pas un luxe, mais une nécessité. C'est un élément crucial du voyage de chaque individu vers la guérison et la découverte de soi. Il offre une boussole quand on se sent perdu, un réconfort pendant les moments difficiles et une célébration pendant les moments de joie. Chaque individu mérite un réseau de soutien solide et aimant, et c'est un investissement qui se répercute avec de grands dividendes en termes de bien-être et de bonheur.

Impact sur les Relations Personnelles : Comment ces expériences influencent les relations adultes, y compris les partenaires et les enfants.

Les expériences de l'enfance, en particulier celles liées à des parents émotionnellement immatures, peuvent avoir des répercussions significatives sur les relations adultes, influençant des aspects tels que la confiance, la communication, la vulnérabilité et la capacité à établir des liens significatifs. Examions maintenant en détail comment ces expériences peuvent se manifester dans les relations adultes.

Confiance : L'une des bases des relations saines est la confiance mutuelle. Cependant, pour ceux qui ont grandi dans des environnements où la confiance a été compromise ou trahie, il peut être difficile de construire ou de maintenir la confiance dans les relations adultes. La peur d'être blessé à nouveau peut conduire à douter des intentions des autres ou à interpréter à tort les actions des autres comme des menaces.

Attachement : Les théories de l'attachement suggèrent que les modèles d'attachement formés dans l'enfance influencent les relations adultes. Les personnes ayant eu une enfance tumultueuse peuvent développer des styles d'attachement anxieux ou évitants, qui peuvent se manifester par une dépendance excessive ou un éloignement émotionnel excessif dans les relations adultes.

Communication : La capacité à communiquer ouvertement et efficacement est fondamentale dans les relations. Ceux qui ont eu des parents émotionnellement immatures peuvent ne pas avoir eu l'occasion d'apprendre des compétences de communication saines. Cela peut se traduire par des difficultés à exprimer des pensées et des émotions ou à gérer les conflits de manière constructive.

Vulnérabilité : Être vulnérable et ouvert avec un partenaire est essentiel pour une connexion profonde. Cependant, si la vulnérabilité a été exploitée ou punie dans le passé, l'adulte peut éviter de montrer sa vulnérabilité, limitant ainsi la profondeur et l'intimité de la relation.

Répétition des Modèles : Il est courant pour les adultes de reproduire, souvent de manière inconsciente, les modèles de comportement de leurs parents dans leurs propres relations. Cela peut se manifester par l'adoption de rôles similaires à ceux des parents ou par le choix de partenaires qui reflètent les caractéristiques des parents.

Relations avec les Enfants : Les expériences vécues dans l'enfance peuvent également influencer la capacité à être parent. La peur de répéter les erreurs de ses propres parents ou le désir de compenser les lacunes passées peut influencer les styles d'éducation et les comportements parentaux.

En conclusion, les relations adultes sont profondément influencées par les expériences de l'enfance. Cependant, avec la conscience, le soutien et la thérapie, il est possible de reconnaître ces modèles, de travailler pour les modifier et de construire des relations plus saines et satisfaisantes.

Dépendance Émotionnelle : Les individus qui ont grandi avec des parents émotionnellement immatures peuvent développer une dépendance émotionnelle envers leurs partenaires. Cette dépendance découle du désir profond, souvent non reconnu, de rechercher chez l'autre ce qui n'a pas été reçu dans l'enfance. On recherche un partenaire qui peut "réparer" les blessures du passé et offrir la sécurité et l'acceptation qui n'ont pas été expérimentées dans la jeunesse. Cela peut conduire à des relations déséquilibrées, où une partie se sent excessivement responsable de l'autre.

Peur de l'Abandon : Les blessures résultant d'une absence émotionnelle ou d'une incohérence parentale peuvent instiller une profonde peur de l'abandon. Cette peur peut se manifester de diverses manières dans les relations adultes, comme une clinginess excessive, la jalousie ou le besoin constant de réassurance.

Estime de Soi : La perception de soi est souvent influencée par la manière dont on a été traité par ses parents. Si un individu ne s'est pas senti valorisé ou aimé pendant l'enfance, il pourrait avoir du mal à se percevoir comme digne d'amour ou de respect dans les relations adultes. Cette faible estime de soi peut conduire à tolérer des comportements nuisibles ou à établir des relations où ses propres besoins ne sont pas satisfaits.

Difficulté à Gérer les Conflits : Le manque de modèles sains de résolution de conflits au sein de la famille peut se traduire par des difficultés à gérer les désaccords dans les relations adultes. L'individu pourrait avoir tendance à éviter complètement les conflits, en se retirant ou en réprimant ses émotions, ou à réagir de manière excessivement agressive ou défensive en cas de tensions.

Recherche d'Approbation : Un autre aspect important est la quête constante d'approbation. Grandir avec des parents émotionnellement immatures peut conduire à rechercher constamment des confirmations et de l'approbation des autres, en particulier des partenaires romantiques. Ce besoin peut devenir étouffant pour le partenaire et créer des dynamiques déséquilibrées au sein de la relation.

Crainte de l'Intimité : Bien qu'ils désirent profondément une connexion, ceux qui ont eu des parents émotionnellement immatures peuvent craindre l'intimité véritable. Cette peur découle de la crainte d'être vraiment connu et, par conséquent, rejeté ou abandonné. Par conséquent, bien qu'ils aient des relations, ils peuvent maintenir une certaine distance émotionnelle pour se protéger de davantage de souffrances.

Reproduction de Dynamiques Familiales : Souvent, de manière inconsciente, les individus peuvent rechercher des partenaires qui reproduisent les dynamiques familiales qu'ils ont vécues dans leur enfance. Par exemple, si un parent était critique ou dominateur, ils pourraient trouver des partenaires ayant des traits similaires, dans une tentative inconsciente de "résoudre" les problèmes du passé.

Ce ne sont que quelques-unes des façons dont les expériences de l'enfance peuvent influencer les relations adultes. La compréhension et la prise de conscience de ces dynamiques sont la première étape pour pouvoir construire des relations plus saines et satisfaisantes.

Paternità e Maternità : Ceux qui ont grandi avec des parents émotionnellement immatures pourraient ne pas avoir eu un modèle adéquat pour être des parents. Cela peut se manifester de différentes manières lorsqu'ils deviennent eux-mêmes parents. Certains pourraient devenir excessivement protecteurs, cherchant à compenser ce qu'ils ont perdu pendant leur enfance, tandis que d'autres pourraient reproduire les mêmes comportements que leurs propres parents, n'ayant jamais appris de modèles de comportement alternatifs. Le défi réside dans l'identification de ces comportements et dans la tentative de rompre ce cycle.

Dépendance à la Validation Externe : Le manque de reconnaissance et d'affection de la part des parents peut entraîner une dépendance excessive à la validation externe. Cela peut se manifester dans des relations où l'individu recherche constamment des confirmations, des compliments ou des réassurances de la part du partenaire, souvent au point de baser sa propre valeur personnelle sur le jugement de l'autre.

Isolement Emotionnel : Certains de ceux qui ont grandi avec des parents émotionnellement immatures peuvent développer des mécanismes de défense qui les poussent à s'isoler émotionnellement. Bien qu'ils puissent sembler sociaux et fonctionnels à l'extérieur, ils peuvent maintenir une certaine distance à l'intérieur d'eux-mêmes, évitant de partager leurs vrais sentiments ou leur vulnérabilité.

Difficulté à Exprimer les Emotions : Grandir dans un environnement où les émotions n'étaient pas acceptées ou étaient rejetées peut entraîner des difficultés à exprimer ou à reconnaître ses propres émotions. Cela peut se traduire par une communication superficielle dans les relations ou des difficultés à comprendre et à répondre aux besoins émotionnels du partenaire.

Suradaptation : Parfois, pour faire face à des parents émotionnellement immatures, un enfant peut devenir "le petit adulte" de la famille, en assumant des responsabilités qui dépassent son âge. Ce rôle peut persister à l'âge adulte, poussant l'individu à s'adapter de manière excessive aux besoins des autres, souvent au détriment de ses propres besoins et désirs.

Auto-Critique Excessive : Un autre effet secondaire d'avoir des parents émotionnellement immatures peut être le développement d'une voix intérieure excessivement critique. Sans un soutien ou une reconnaissance adéquate dans l'enfance, l'individu peut internaliser la critique et devenir son propre juge le plus sévère, remettant en question chaque décision ou action et ayant le sentiment de ne jamais en faire assez.

Évitement des Conflits : Si le conflit était géré de manière malsaine en famille, l'individu pourrait craindre ou éviter toute forme de confrontation dans ses relations. Cela peut conduire à ne pas aborder des problèmes importants, à accumuler des ressentiments ou des frustrations au fil du temps.

L'impact profond des expériences de l'enfance sur nos relations adultes ne peut être sous-estimé. Lorsqu'une personne grandit dans un environnement caractérisé par des parents émotionnellement immatures, ses compétences relationnelles, sa perception de soi et sa gestion des émotions peuvent être profondément influencées, souvent de manière qu'elle ne reconnaîtra peut-être pas pleinement avant bien plus tard dans la vie.

Pour commencer, la façon dont nous percevons et interprétons l'amour, l'affection et la sécurité est souvent enracinée dans les premières interactions avec nos parents ou tuteurs. Si ces premières relations sont altérées par un manque d'empathie, de compréhension ou de soutien, il est probable qu'une personne développe des schémas d'attachement insécure. Ces schémas peuvent se manifester sous forme d'anxiété dans l'attachement, d'évitement ou d'une combinaison des deux, influençant la manière dont la personne aborde et réagit aux relations intimes. De plus, notre estime de soi et notre valeur personnelle sont souvent le reflet de la manière dont nous avons été traités lorsque nous étions petits. Si un enfant a grandi en se sentant inadéquat, non aimé ou constamment critiqué, ces blessures émotionnelles peuvent conduire à une image déformée de soi, où la personne peut se sentir constamment en quête de validation externe ou, au contraire, peut construire des barrières émotionnelles, évitant l'intimité par peur du rejet ou de la douleur.

Les relations avec les partenaires peuvent à leur tour être affectées par ces traumatismes non résolus. Sans une prise de conscience ou une compréhension de ces dynamiques, une personne pourrait inconsciemment reproduire les mêmes schémas de comportement que ses parents, perpétuant le cycle de détachement émotionnel, de manque de communication et de conflit potentiel.

Et ce ne sont pas seulement les relations romantiques qui sont influencées. Les relations avec les enfants peuvent refléter, de manière miroir, les mêmes lacunes ou dynamiques vécues dans l'enfance. Cela risque de transmettre les mêmes insécurités et traumatismes à la génération suivante.

En conclusion, faire face à l'impact de nos expériences de l'enfance sur nos relations adultes est fondamental non seulement pour la santé mentale et émotionnelle de l'individu, mais aussi pour la santé et le bien-être de ses relations futures et de ses proches. Ce n'est qu'à travers une réflexion profonde, une prise de conscience et, dans de nombreux cas, un soutien professionnel, que l'on peut espérer briser le cycle et établir des relations plus saines, authentiques et satisfaisantes.

18. Conscience Générationnelle :

Réfléchissez à la manière d'interrompre le cycle pour garantir que les générations futures ne perpétuent pas le même modèle.
La conscience générationnelle est un concept profondément pertinent lorsqu'on considère la transmission de modèles de comportement, d'attitudes et de traumatismes d'une génération à l'autre. Souvent, les gens héritent non seulement de traits génétiques, mais aussi de traits émotionnels, psychologiques et comportementaux de leurs ancêtres. La capacité à reconnaître et à interrompre ces cycles est fondamentale pour assurer une croissance saine et prospère des générations futures.

1. **Reconnaissance et Réflexion :** La première étape pour interrompre n'importe quel cycle est de le reconnaître. Les individus doivent prendre conscience des modèles qui se manifestent dans leur vie et retracer leurs origines. Tenir un journal, discuter avec des membres plus âgés de la famille ou même chercher une thérapie peut

être utile pour identifier et comprendre ces tendances.

2. **Éducation Émotionnelle :** L'alphabétisation émotionnelle, c'est-à-dire la capacité à reconnaître, comprendre et exprimer ses propres émotions, est fondamentale. L'éducation émotionnelle peut aider les individus à naviguer dans leurs réactions et comportements, permettant une meilleure compréhension de soi.

3. **Thérapie et Conseil :** Un professionnel peut fournir les outils et les stratégies nécessaires pour traiter et résoudre les traumatismes et les schémas comportementaux enracinés. Cela peut inclure la thérapie cognitivo-comportementale, la thérapie familiale ou d'autres formes d'intervention.

4. **Communication Ouverte :** Parler avec ses enfants ou d'autres membres de la famille des modèles reconnus peut aider à prévenir leur perpétuation. La prise de conscience partagée peut servir de système d'alerte précoce, aidant les générations futures à reconnaître et à éviter certains comportements.

5. **Méditation et Pleine Conscience :** Ces pratiques peuvent aider à recentrer l'esprit, à développer une plus grande conscience de soi et à rompre les automatismes ou les réactions impulsives enracinées dans le passé.

6. **Éducation Parentale :** Suivre des cours ou lire des documents sur la parentalité peut fournir de nouvelles perspectives et des stratégies pour faire face aux défis et éviter de répéter les erreurs de ses propres parents.

7. **Engagement dans la Croissance Personnelle :** En plus de la thérapie, il existe de nombreuses activités telles que la lecture, les ateliers et les séminaires qui peuvent soutenir la croissance personnelle et aider à développer une plus grande conscience de soi.

En conclusion, interrompre les cycles générationnels de traumatismes, de comportements et d'attitudes demande un engagement actif et délibéré. Il s'agit d'un voyage qui peut prendre du temps, mais les avantages d'une vie plus saine, plus heureuse et plus consciente, non seulement pour soi-même mais aussi pour les générations futures, sont inestimables. Grâce à la conscience, à l'éducation et à un engagement actif dans la croissance personnelle, il est possible non seulement de reconnaître et de comprendre les modèles hérités, mais aussi de prendre des mesures concrètes pour garantir qu'ils ne soient pas transmis.

La conscience générationnelle n'est pas seulement une compréhension des modèles de comportement transmis au sein d'une famille ou d'une communauté, mais aussi une profonde introspection des racines culturelles, historiques et sociales qui influencent ces modèles. Pendant des décennies, les chercheurs ont exploré comment les générations précédentes peuvent influencer le présent et comment ces influences peuvent être modifiées ou interrompues pour le bien des générations futures.

Dans le contexte des familles, les histoires orales et les narrations transmises jouent un rôle essentiel dans la formation de la perception du monde par les jeunes. Par exemple, un grand-père ayant vécu la guerre pourrait transmettre des récits de survie, de résistance et de perte à ses petits-enfants. Bien que ces histoires puissent inculquer des valeurs telles que la résilience et la persévérance, elles peuvent également comporter des traumatismes cachés, des peurs et des angoisses.

Les influences générationnelles ne se limitent pas aux récits familiaux. La musique, l'art et la littérature d'une époque donnée peuvent refléter les émotions et les sensations de cette génération et influencer involontairement les générations futures. Par exemple, la musique folk des années 60, avec ses thèmes de protestation et de changement social, a eu un impact significatif sur la génération des baby-boomers et sur leur perception de l'activisme et de la justice sociale.

Les tendances économiques et politiques jouent également un rôle clé. La Grande Dépression des années 30 a créé une génération de personnes frugales, épargnantes et méfiantes à l'égard du risque. Ces tendances économiques ont eu un impact profond sur la manière dont cette génération a éduqué ses enfants en termes de valeurs financières.

La technologie est un autre facteur clé. La génération qui a grandi à une époque pré-Internet a une vision totalement différente de la vie privée, de la communication et de l'interaction sociale par rapport à la génération des natifs du numérique. Ces différences technologiques créent inévitablement des écarts dans la compréhension et la communication entre les générations.

De plus, il y a des aspects psychologiques et comportementaux. Par exemple, une mère ayant connu l'abandon à un jeune âge pourrait, sans s'en rendre compte, étouffer ou être excessivement protectrice envers ses enfants, cherchant à compenser le traumatisme qu'elle a vécu. Ou un père ayant grandi dans un environnement où montrer des émotions était considéré comme un signe de faiblesse pourrait involontairement inculquer la même valeur à ses enfants.

Pour interrompre ces cycles, il est essentiel que les individus comprennent et réfléchissent à ces facteurs multidimensionnels. La clé n'est pas seulement de reconnaître et d'accepter ces influences, mais aussi de s'interroger activement sur la manière dont elles peuvent être modifiées ou réorientées pour assurer un avenir meilleur. La conscience n'est que le début ; c'est l'action intentionnelle, le dialogue et l'ouverture à la croissance et au changement qui mèneront à un véritable changement générationnel.

La conscience générationnelle est un concept profondément entrelacé avec la trame socio-culturelle d'une société. Elle représente une lentille à travers laquelle nous pouvons examiner l'accumulation d'expériences, de valeurs, de croyances et de traumatismes transmis d'une génération à l'autre et qui se manifestent souvent dans des comportements et des attitudes spécifiques. La clé pour naviguer avec succès dans le paysage complexe de la conscience générationnelle est de comprendre d'abord ses racines et ses mécanismes.

Pour commencer, chaque génération grandit dans un contexte historique, politique, économique et social unique. Ce contexte façonne leurs expériences collectives, ce qui, à son tour, influence leur mentalité et leur comportement. Par exemple, ceux qui ont grandi pendant la Seconde Guerre mondiale en Europe auront un ensemble d'expériences et de valeurs très différents de ceux qui ont grandi dans les années 1980 en Amérique. Ces expériences collectives forment une "empreinte générationnelle" qui influence la façon dont un individu voit le monde et interagit avec lui.

En plus des expériences historiques et sociales, la dynamique familiale joue un rôle crucial dans la transmission de certains comportements et croyances. Par exemple, les familles où la communication ouverte est découragée peuvent transmettre des générations d'individus ayant du mal à exprimer leurs sentiments ou à faire face aux conflits de manière saine. Ou, dans les familles où la performance académique ou professionnelle est fortement valorisée, des générations d'individus orientés vers le succès pourraient émerger, mais potentiellement au détriment de leur santé mentale ou de leur bien-être émotionnel.

L'importance de la conscience générationnelle réside dans sa capacité à éclairer les modèles inhérents et souvent invisibles qui guident notre comportement. Une fois que ces modèles sont reconnus, les individus et les communautés ont la possibilité d'interrompre les cycles nuisibles ou non sains. L'auto-réflexion, l'éducation et l'ouverture au dialogue intergénérationnel sont des outils essentiels dans ce processus.

L'interruption de ces cycles nécessite à la fois un engagement individuel et collectif. Au niveau individuel, cela peut impliquer des thérapies ou du counseling pour traiter les traumatismes ou les croyances profondément enracinées. Au niveau collectif, cela peut s'agir de programmes éducatifs, d'initiatives communautaires ou de mouvements sociaux visant à changer les attitudes culturellement enracinées ou à défier les normes sociales.

En conclusion, la conscience générationnelle est une puissante lentille à travers laquelle nous pouvons examiner et comprendre les profondes influences qui façonnent notre comportement et nos croyances. En reconnaissant et en faisant face à ces influences, nous avons la possibilité de forger un avenir où les générations futures ne sont pas entravées par les limites ou les traumatismes du passé, mais sont plutôt équipées des outils et de la sagesse pour créer un avenir plus sain et harmonieux.

19. Ressources et lectures recommandées :
Fournir des matériaux supplémentaires et des
ressources pour ceux qui souhaitent approfondir.

1. Livres : • *"Parents trop fragiles"* de Lindsay C.
Gibson : Ce livre offre une perspective détaillée sur les
dynamiques qui peuvent émerger entre des parents
émotionnellement immatures et leurs enfants, en
suggérant des stratégies pour gérer et surmonter ces
défis. • *"L'enfant maltraité"* d'Alice Miller : Une
analyse approfondie du traumatisme infantile et de ses
implications à long terme. • *"Le corps garde la trace"*
de Bessel van der Kolk : Explore comment le
traumatisme physique et émotionnel peut laisser une
empreinte dans le corps et la psyché, en suggérant des
approches pour la guérison.

2. Organisations et groupes de soutien : • *Adult
Children of Emotionally Immature Parents* : Groupes
de soutien locaux et en ligne offrant un lieu d'écoute et
de partage pour ceux qui ont grandi avec des parents
émotionnellement distants ou narcissiques. •
*Association pour la recherche et la thérapie du
traumatisme (ARTT)* : Offre des ressources, une
formation et un soutien aux professionnels et aux

individus intéressés par une meilleure compréhension du traumatisme et de ses conséquences.

3. Sites Web et blogs : • *The Invisible Scar* : Un blog axé sur le traumatisme émotionnel découlant de l'abus verbal et psychologique. • *Out of the Fog* : Une ressource en ligne pour les personnes vivant avec des proches atteints de troubles de la personnalité. Fournit une terminologie, des stratégies et une communauté de soutien.

4. Cours et webinaires : • *Coursera et Udemy* : De nombreux cours en ligne sont disponibles sur des sujets tels que le traumatisme, la conscience, la psychologie infantile et les relations familiales. Ils peuvent offrir des informations approfondies et des stratégies pratiques.

5. Podcasts : • *The Mental Illness Happy Hour* : Bien qu'il couvre un large éventail de sujets liés à la santé mentale, de nombreux épisodes abordent le thème du traumatisme infantile et des relations familiales toxiques. • *Therapy Chat* : Ce podcast accueille divers experts discutant du traumatisme, de l'attachement et de la guérison.

6. Articles et revues : • *Google Scholar* : Une recherche sur "immaturité émotionnelle", "traumatisme infantile" ou "relations parent-enfant" peut conduire à de nombreux articles scientifiques et études pertinentes sur le sujet. Ces ressources ne représentent qu'une petite fraction de ce qui est disponible. Il est recommandé de parler à un professionnel de la santé mentale ou à un bibliothécaire pour obtenir des recommandations plus spécifiques à vos besoins. La recherche continue, l'éducation et le soutien sont essentiels pour ceux qui cherchent à comprendre et à guérir des défis liés aux parents émotionnellement immatures.

Comprendre et naviguer dans l'enfance caractérisée par la présence de parents émotionnellement immatures est un voyage qui nécessite une approche holistique. Voici quelques ressources et conseils supplémentaires :

7. Documentaires et films : • De nombreux films et documentaires explorent la complexité des dynamiques familiales toxiques et l'impact du traumatisme infantile. Regarder ces représentations peut offrir matière à réflexion et donner une voix à des expériences autrement difficiles à exprimer. Des titres tels que "Running from Crazy" et "The Glass Castle" peuvent être particulièrement éclairants.

8. Applications et outils numériques : • *Headspace* et *Calm* : Bien qu'ils soient principalement connus comme des outils de méditation, ces applications proposent des sessions spécifiques sur la douleur, le traumatisme et la gestion du stress. • *BetterHelp* et *Talkspace* : Plateformes de thérapie en

ligne permettant de se connecter avec des
professionnels du monde entier, garantissant
accessibilité et confidentialité.

9. Ateliers et retraites : • Il existe de nombreuses
retraites et ateliers axés sur la guérison du
traumatisme, l'autonomisation personnelle et le
développement de l'intuition. Ces événements peuvent
offrir des outils et des pratiques pour approfondir la
compréhension de soi et commencer le processus de
guérison.

10. Musique et art : • L'art a le pouvoir de guérir, et
de nombreuses personnes trouvent du réconfort dans
l'écoute de musique ou dans l'immersion dans l'art
visuel reflétant leurs expériences. Créer des listes de
lecture personnalisées ou se consacrer à la peinture, à
l'écriture ou à la danse peut offrir un moyen de traiter
et d'exprimer des émotions.

11. Ressources locales : • De nombreux centres
communautaires ou universitaires proposent des
séminaires, des cours et des groupes de soutien sur des
sujets liés au traumatisme, à l'enfance et à la santé
mentale. Ce sont également des endroits où l'on peut se
connecter avec d'autres partageant des expériences
similaires.

12. Groupes d'entraide : • En plus des groupes
spécifiques pour les adultes ayant des parents
émotionnellement immatures, il existe de nombreux

autres groupes de soutien axés sur le traumatisme, les abus et la croissance personnelle. Ces groupes peuvent offrir un sentiment de communauté et d'appartenance.

13. Yoga et techniques corps-esprit : • Des techniques telles que le yoga, le tai-chi et le qigong peuvent aider à se reconnecter avec son propre corps et à gérer le stress. De nombreuses études ont montré que ces pratiques peuvent être particulièrement bénéfiques pour ceux qui ont vécu des traumatismes.

14. Conférences et événements : • Participer à des conférences sur la psychologie, le traumatisme et la guérison peut fournir de nouvelles perspectives et approches. Ces événements peuvent également offrir des opportunités de réseautage et de connexion avec des experts dans le domaine.

En explorant une combinaison de ces ressources, les individus peuvent trouver ce qui résonne le mieux pour eux et construire un chemin de guérison unique et significatif.

Bien sûr, l'exploration des ressources et des lectures recommandées est essentielle pour aider les personnes à accéder à des outils utiles et éducatifs. Poursuivons avec d'autres considérations :

15. Podcasts et Programmes Radio : Le format audio peut être particulièrement utile pour ceux qui sont en déplacement ou préfèrent écouter plutôt que lire. Il existe de nombreux podcasts dédiés au traumatisme, à la psychologie et aux relations. Écouter les expériences des autres peut offrir réconfort, reconnaissance et nouvelles perspectives. Quelques exemples incluent "The Trauma Therapist Podcast", "Where Should We Begin? avec Esther Perel" et "Mental Illness Happy Hour".

16. Jeux et Simulations : Avec la popularité croissante des jeux thérapeutiques et des simulations, il existe désormais des plateformes interactives qui peuvent aider les individus à explorer et à travailler sur des thèmes complexes tels que les relations, le traumatisme et la conscience de soi. Ces outils peuvent offrir une manière différente et engageante de réfléchir et de s'introspecter.

17. Bibliothérapie : La bibliothérapie, c'est-à-dire l'utilisation de livres comme outil thérapeutique, peut être une stratégie efficace. Non seulement les livres d'auto-assistance ou les essais, mais aussi les romans et la poésie peuvent offrir de profondes idées et du réconfort. Des lectures telles que "Le langage du corps" d'Alexander Lowen ou "Narcissisme et relations" de Wendy T. Behary peuvent fournir des pistes de réflexion précieuses.

18. Revues Académiques : Pour ceux qui sont enclins à la recherche et qui souhaitent une compréhension plus approfondie basée sur des études scientifiques, il existe de nombreuses revues académiques qui publient des recherches sur le traumatisme, les relations et la psychologie. L'accès à ces revues peut fournir une perspective basée sur des preuves solides et des mises à jour sur les dernières découvertes dans le domaine.

19. Forums et Communautés en Ligne : À l'ère numérique, les communautés en ligne telles que Reddit, Quora et d'autres forums dédiés peuvent être des ressources précieuses. Ici, les individus peuvent partager leurs histoires, demander des conseils et obtenir du soutien d'une communauté de personnes ayant des expériences similaires. Il est essentiel, cependant, de veiller à naviguer dans des espaces sécurisés et modérés.

20. Séminaires en Ligne et Webinaires : De nombreux professionnels et organisations proposent des séminaires en ligne sur divers sujets liés à la santé mentale et aux relations. Ces séminaires peuvent aller des sessions gratuites d'introduction à des cours intensifs payants.

21. Applications de Lecture : Des applications comme Audible ou Blinkist peuvent fournir des résumés ou des versions audio de livres pertinents, rendant l'apprentissage et la réflexion plus accessibles même pour ceux qui ont peu de temps ou préfèrent des formats alternatifs à la lecture traditionnelle.

22. Journaux et Magazines : De nombreux journaux et magazines, qu'ils soient au format papier ou numérique, ont des sections dédiées à la psychologie, au bien-être et aux relations. Les articles et les interviews peuvent offrir des perspectives fraîches et actuelles, avec une variété de points de vue et de voix.

En explorant et en combinant différentes ressources, les individus peuvent créer un parcours personnalisé qui les aide à mieux comprendre et à naviguer les défis des relations avec des parents émotionnellement immatures. La clé est la curiosité et l'ouverture à la croissance personnelle.

En conclusion, la recherche et la sélection active des ressources appropriées pour aborder et comprendre les défis des relations avec des parents émotionnellement immatures sont essentielles pour le processus de guérison et de compréhension personnelle. La diversité des ressources disponibles reflète la diversité des besoins et des méthodes d'apprentissage des individus.

L'importance de ces ressources ne peut être suffisamment soulignée. Elles fournissent non seulement des informations et des idées, mais offrent souvent un sentiment d'appartenance et de ne pas être seul dans son expérience. Ce sentiment de reconnaissance et de communauté est essentiel pour de nombreuses personnes, car il leur permet de commencer le processus de guérison et de voir au-delà de leurs propres défis personnels.

Cependant, alors que l'accès aux ressources est plus vaste et varié que jamais, il est essentiel de l'approcher avec discernement. Toutes les ressources ne seront pas également utiles ou résonnantes pour chaque individu. Ce qui peut fonctionner pour une personne peut ne pas convenir à une autre. Par conséquent, il est fondamental de s'écouter, de réfléchir à ses propres besoins et de rechercher des commentaires ou des conseils de professionnels lorsque cela est nécessaire.

De plus, il est crucial de prendre en compte la crédibilité et la fiabilité des ressources. Avec l'abondance d'informations en ligne, il est facile de tomber sur des conseils non vérifiés ou potentiellement préjudiciables. Se référer à des sources académiques, à des professionnels certifiés et à des organisations reconnues peut aider à garantir la qualité des informations reçues.

Enfin, bien que les ressources puissent offrir des outils, des conseils et des informations, le véritable travail de compréhension et de guérison est intrinsèque. Cela nécessite du temps, de la patience et souvent l'aide de professionnels de la santé mentale. Les ressources sont là pour guider, éclairer et soutenir, mais le chemin de la croissance et de la guérison reste profondément personnel.

En résumé, les ressources et les lectures recommandées sont un complément essentiel dans le voyage de ceux qui cherchent à comprendre et à faire face aux défis des relations avec des parents émotionnellement immatures. Elles offrent une carte, mais le voyage appartient à l'individu. Avec soin, réflexion et engagement, les ressources peuvent éclairer le chemin vers une meilleure compréhension et un bien-être accru.

20.   **Exercices et Techniques Pratiques :** Comprend des exercices, des méditations et des techniques pour aider les adultes à travailler sur leur guérison.

Les **exercices** et les **techniques pratiques** peuvent être des **outils inestimables** pour aider les individus à travailler sur leur guérison, en particulier ceux qui ont affronté les défis d'avoir des **parents émotionnellement**

immatures. Ces **activités** visent non seulement à fournir **soulagement immédiat**, mais aussi à **construire compétences** et **stratégies à long terme** pour la gestion des émotions et la promotion de la **croissance personnelle**.

1. **Giornalismo Riflessivo** : L'écriture peut être une **forme puissante d'auto-exploration**. Dédier chaque jour **10-15 minutes** à écrire librement sur ses **pensées, sentiments et réactions** peut offrir des **aperçus précieux** sur ses propres expériences.

2. **Méditation de Consapevolezza (Mindfulness)** : Cette pratique encourage l'individu à se concentrer sur le présent, en **acceptant les pensées et les sentiments sans jugement**. Elle peut aider à **réduire l'ansia** et à **construire une plus grande conscience de soi**.

3. **Visualizzazione Guidata** : À travers cette technique, les individus peuvent **imaginer un lieu sûr ou une expérience positive**, ce qui peut offrir un **soulagement temporaire** des sentiments **stressants ou accablants**.

4. **Respirazione Diaframmatica** : Se concentrer sur une **respiration profonde et contrôlée** peut **calmer le système nerveux** et aider à **gérer l'ansia et le stress**.

5. **Esercizi di Ancoraggio** : Ces exercices aident à se **connecter au présent**, en particulier lors de moments de **dissociation ou de stress aigu**. Par exemple, **énumérer cinq choses que l'on peut voir**, quatre que l'on peut toucher, trois que l'on peut ressentir, deux que l'on peut sentir et une que l'on peut goûter.

6. **Affermazioni Positive** : Créer une liste d'**affirmations positives et rassurantes** peut être utile. Les lire ou les réciter à haute voix chaque jour peut **renforcer l'estime de soi** et la **confiance en soi**.

7. **Pratica della Gratitudine** : Tenir un **journal de gratitude** et noter chaque jour **trois choses pour lesquelles on est reconnaissant** peut déplacer l'attention des **expériences négatives** vers les **positives**.

8. **Tecniche di Rilassamento Muscolare** : Cela implique la **tension et la relaxation de groupes musculaires spécifiques**, aidant à **libérer la tension physique** et à **promouvoir le calme**.

9. **Tecniche di Grounding** : Marcher pieds nus sur l'herbe, serrer un arbre ou simplement s'asseoir sur la terre peut aider à se **sentir connecté et ancré**.

10. **Esercizi di Ascolto Attivo** : Pratiquer **l'écoute active** avec un partenaire ou un ami peut aider à **améliorer les compétences en**

communication et à **construire des relations plus profondes et significatives**. En conclusion, ces **techniques** et **exercices pratiques** offrent aux individus des **outils concrets** pour commencer et soutenir leur **parcours de guérison**. Bien que certaines techniques puissent **résonner plus que d'autres**, l'important est de **trouver ce qui fonctionne le mieux pour l'individu** et de l'intégrer dans la routine quotidienne. Avec **l'engagement** et la **pratique régulière**, ces exercices peuvent **soutenir et nourrir la croissance et la guérison intérieures**. Absolument, explorons davantage **d'autres techniques** et **approches** qui peuvent être utilisées pour **soutenir la guérison personnelle** :

11. **Yoga et Mouvement Corporel** : L'acte physique de bouger peut **libérer les tensions accumulées** et rétablir un **sens de l'équilibre** dans le corps. Le yoga, en particulier, intègre l'esprit, le corps et l'esprit, et est reconnu pour promouvoir **la conscience de soi et l'acceptation de soi**.

12. **Arteterapia** : S'exprimer à travers l'art, que ce soit le dessin, la peinture, la sculpture ou toute autre forme artistique, peut offrir un moyen de **traiter et de libérer des émotions**

refoulées. Il n'est pas nécessaire d'être un "artiste" pour bénéficier de l'art-thérapie.

13. **Thérapie avec Animaux** : Les animaux domestiques, comme les chiens et les chats, peuvent offrir un **confort immédiat**. Interagir avec les animaux peut **réduire les niveaux de cortisol (l'hormone du stress)** et augmenter l'ocytocine, qui favorise les **sentiments de bonheur et de confiance.**

14. **Gestion du Temps** : Établir une **routine quotidienne** peut aider à **créer un sens de normalité et de contrôle**. Cela peut inclure **la planification de périodes régulières** pour les techniques de relaxation, l'exercice physique, le temps passé avec des amis ou toute activité qui apporte de la joie.

15. **Musico-thérapie** : Écouter ou créer de la musique peut avoir un **profond effet sur notre bien-être émotionnel**. La musique peut évoquer des émotions, aider à traiter les sentiments ou simplement offrir un moyen de **s'évader.**

16. **Thérapie de la Nature** : Passer du temps dans la nature, comme faire des promenades en forêt, jardiner ou simplement être à l'extérieur, peut avoir des effets **curatifs**. La connexion à la terre et à l'environnement naturel peut être profondément **ressourçante.**

17. **Exercices d'Assertivité** : La pratique de **l'assertivité** peut aider à établir **des limites saines** et à **exprimer ses besoins et ses désirs de manière efficace.**

18. **Jeu de Rôle** : Cela peut être fait avec un thérapeute ou un ami de confiance. Revivre ou recréer des situations problématiques grâce au jeu de rôle peut aider à **voir les choses sous un angle différent** et à **développer de nouvelles stratégies d'adaptation.**

19. **Mindfulness Culinaria** : L'acte de cuisiner et de manger avec **pleine conscience** peut être un **exercice méditatif.** Se concentrer sur les saveurs, les odeurs et les textures de la nourriture peut être un moyen de **se recentrer sur le moment présent.**

20. **Bibliothérapie** : La lecture peut offrir **des idées et du réconfort.** Que ce soit des œuvres de fiction ou de non-fiction, se plonger dans un livre peut fournir de **nouvelles perspectives** ou simplement offrir un moment d'évasion.

Les techniques mentionnées ci-dessus ne sont que quelques-unes des nombreuses **stratégies** disponibles. Chaque individu est unique, et ce qui fonctionne pour une personne peut ne pas être efficace pour une autre. La clé est d'**expérimenter** différentes techniques pour découvrir ce qui résonne et aide dans son propre parcours de guérison.

L'approche de l'autoguérison et de la gestion des blessures résultant d'une enfance avec des parents émotionnellement immatures est un chemin complexe et hautement individuel. La vaste gamme de **techniques** et d'**outils** disponibles reflète la diversité des expériences et des besoins personnels. Les **exercices** et les **techniques** mentionnés précédemment sont des **outils potentiellement puissants** qui peuvent aider les individus à se reconnecter avec eux-mêmes, à traiter les traumatismes passés et à construire un avenir plus sain et intégré. Cependant, il est essentiel de souligner que tous les outils ne seront pas efficaces pour tout le monde, et le processus d'**identification des techniques les plus appropriées** peut prendre du temps, de l'expérimentation et souvent l'orientation d'un professionnel. La clé de la guérison ne réside pas seulement dans l'**adoption de techniques spécifiques**, mais dans l'**approche avec laquelle on entreprend ce voyage**:

1. **Auto-conscience**: Une compréhension profonde de soi est fondamentale. Reconnaître ses propres sentiments, peurs, désirs et besoins permet de commencer le processus de guérison d'une position de force.

2. **Patience et bienveillance envers soi-même**: La guérison ne se produit pas du jour au lendemain. Il peut y avoir besoin de faire face à des moments difficiles, à des sentiments intenses et à des souvenirs douloureux. Se traiter avec gentillesse et compassion pendant ces périodes est vital.

3. **Recherche de soutien**: Même si les exercices peuvent être pratiqués individuellement, le soutien de thérapeutes, de groupes de soutien ou d'amis de confiance peut faire une différence significative. Le partage, l'écoute et le sentiment de ne pas être seul dans le voyage sont des ressources inestimables.

4. **Respect de ses limites**: Si une technique ou un exercice s'avère trop accablant, il est essentiel de s'écouter et de reculer si nécessaire.

5. **Engagement constant**: La guérison est un voyage, pas une destination. Elle nécessite un engagement constant et parfois la volonté de revenir et de travailler sur des aspects qui pourraient ressurgir avec le temps.

6. **Évolution et adaptation**: À mesure que l'on progresse dans le chemin, les besoins peuvent changer. Ce qui fonctionne à un moment donné peut ne pas être efficace par la suite. Être ouvert

à l'adaptation et à l'expérimentation de nouveaux outils peut être crucial.

En conclusion, bien que le fait d'avoir des parents émotionnellement immatures puisse avoir des impacts profonds et durables, la capacité de guérison et de croissance réside en chaque individu. Avec les ressources appropriées, la bonne approche et un engagement dévoué, il est possible de naviguer avec succès ce parcours et de trouver une plus grande intégration, paix et bien-être dans sa propre vie.

Conclusion et Résumé du Livre : "Genitori Emotivamente Immaturi - Navigare e Guarire" Vivre avec des parents émotionnellement immatures peut laisser des traces profondes dans la psyché d'un individu. Ce livre a exploré une vaste gamme d'aspects, d'outils et de techniques pour aider ceux qui souhaitent guérir et grandir.

1. **Introduction à l'Immaturité Émotionnelle** : Comprendre les racines et les manifestations de l'immaturité émotionnelle est la première étape pour aborder le problème.

2. **Signes et Symptômes** : Reconnaître les comportements et les réactions associés à ces expériences peut aider à identifier et à traiter les traumatismes passés.

3. **Compréhension de ses Propres Blessures** : Une introspection attentive peut aider à mieux comprendre comment les traumatismes se sont manifestés tout au long de la vie.

4. **Traitement du Traumatisme** : À travers des techniques telles que l'EMDR et la thérapie cognitivo-comportementale, il est possible d'entamer le processus de guérison.

5. **Se Concentrer sur le Présent** : Vivre dans le présent aide à se détacher de la douleur du passé.

6. **La Redécouverte de Soi** : Se reconnecter avec sa propre essence et ses passions est essentiel pour une vie épanouissante.

7. **Établir des Limites** : Créer des barrières protectrices est essentiel pour garantir le bien-être émotionnel.

8. **Gestion de la Colère et du Resentiment** : Des techniques telles que la méditation peuvent aider à gérer et à traiter ces émotions.

9. **Reconstruction des Relations** : Créer de nouvelles dynamiques avec les parents ou renégocier les termes peut être bénéfique.

10. **Soutien Thérapeutique** : La thérapie est une ressource essentielle dans le parcours de guérison.

11. **Études de Cas** : Des exemples concrets peuvent offrir inspiration et compréhension.

12. **Importance de l'Auto-soin** : Prendre soin de soi est crucial pour garantir le bien-être à long terme.

13. **Compréhension du Pardon** : Des réflexions profondes sur la signification et l'importance du pardon.

14. **Réseau de Soutien** : Avoir un réseau solide peut faire toute la différence dans le parcours de guérison.

15. **Impact sur ses Propres Relations** : Reconnaître comment les expériences passées influencent les relations actuelles.

16. **Conscience Générationnelle** : L'importance de briser le cycle pour les générations futures.

17. **Ressources et Lectures Recommandées** : Des outils supplémentaires et des lectures peuvent approfondir le sujet.

18. **Exercices et Techniques Pratiques** : Des outils pratiques pour travailler activement sur sa propre guérison.

Ressources et Sites Web Utiles : • **Psychology Today** : Un site web qui propose une vaste gamme d'articles et de ressources sur divers sujets psychologiques, ainsi qu'une liste de thérapeutes. • **The International Society for Traumatic Stress Studies** : Une ressource spécialisée sur le trauma et le PTSD. • **Mind** : Une organisation caritative du Royaume-Uni dédiée à la santé mentale. • **Livres** : "Running On Empty" de Dr. Jonice Webb et "Adult Children of Emotionally Immature Parents" de Lindsay C. Gibson.

En conclusion, bien que les défis liés à des parents émotionnellement immatures soient réels et profonds, les ressources et les techniques disponibles offrent de l'espoir et des chemins vers une guérison authentique. Chaque individu a la capacité de naviguer sur ce chemin, de trouver la paix et de construire un avenir plus lumineux et satisfaisant.